Königs Erläuterungen und Materialien
Band 270

Erläuterungen zu

Gerhart Hauptmann

Bahnwärter Thiel

von Reiner Poppe

Über den Autor dieser Erläuterung:

Reiner Poppe: Studium der Anglistik, Romanistik und Germanistik. Unterrichtstätigkeit im In- und Ausland.
Postgraduiertenstudium im Fachbereich Erziehungswissenschaften und „Interkulturelle Studien".
Zahlreiche unterrichtsbezogene Veröffentlichungen zur amerikanischen, englischen und deutschen Literatur.

3. Auflage 2005
ISBN 3-8044-1746-9
© 2001 by C. Bange Verlag, 96142 Hollfeld
Alle Rechte vorbehalten!
Titelabbildung: Gerhart Hauptmann
Druck und Weiterverarbeitung: Tiskárna Akcent, Vimperk

Vorwort

An Gerhart Hauptmann (1862–1946) schieden und scheiden sich die Geister. Dass er zu den herausragenden deutschen Schriftstellern und zu den wenigen ganz großen nach Goethe zählt, wird jedoch kaum ernsthaft bestritten. Selbst Marcel Reich-Ranicki, der unbestrittene Großmeister der deutschen Literaturkritik, zollt Hauptmann mehr als nur Respekt, wenngleich er ihn wohl nicht zu seinen Favoriten rechnet.

Bahnwärter Thiel (1888) gehört zu Gerhart Hauptmanns Frühwerken und markiert seinen Eintritt als Schriftsteller in die Öffentlichkeit. Die Novelle sprengt die bis dahin gültigen Formgesetze und steht als etwas völlig Eigenes am Anfang der erzählerischen Moderne in der deutschsprachigen Literatur. Wohl ist erkennbar, dass Hauptmann an die Novellentradition des 19. Jahrhunderts anschließt (begrenztes Ereignis, objektivierende Erzählhaltung, formale Geschlossenheit), doch er setzt sich von der bürgerlichen Literatur, den Novellen eines Theodor Storm etwa, scharf ab. In Hauptmanns Novelle gibt es keine harmonisierende Weltdeutung. Der Mensch ist nicht Gestalter seines Lebens. Zwar ist er Handelnder, aber sein Handeln wird von nicht kalkulierbaren Außenmächten beherrscht. So auch in der Novelle *Bahnwärter Thiel*. Auf eindringliche Weise verschmelzen in ihr Vision und Wirklichkeit, die Dämonie von Natur und Technik, sachliche Darstellung und symbolhaft-poetische Verdichtung.

Das Geschehen: Thiel, ein biederer und zuverlässiger Bahnwärter, ist nach dem Tode seiner Frau in zweiter Ehe mit der groben Lene verheiratet. Sein noch kleiner Sohn Tobias aus der ersten Ehe wird von Lene nach der Geburt ihres eigenen Kindes vernachlässigt und misshandelt. Thiel ist unfähig, seiner Frau entgegenzutreten. Er wird zunehmend von ihr abhängig. Als Tobias unbeaufsichtigt am Bahndamm spielt, wird er von dem herandonnernden Zug mitgerissen. In seiner verzweifelten Wut schlägt Thiel seiner Frau Lene den Schädel ein und tötet auch den Säugling. Geistig umnachtet wird er in ein Irrenhaus eingeliefert.

Die Novelle, knapp vierzig Seiten stark, ist aus dem ‚Lektürekanon', des Deutschunterrichts nicht fortzudenken. Vordergründig hat es der Leser mit einem spannenden und leicht verständlichen Text zu tun. Bezieht er jedoch ansatzweise die Diskussion um die Epochenzugehörigkeit („Naturalismus") sowie die mannigfachen Bezüge des Textes zum mittleren und späten Werk Gerhart Hauptmanns mit ein, dann wird daraus ein recht komplexer Sachverhalt. Die Ausführungen sollen dabei nicht auf den „ganzen Hauptmann" ausgedehnt werden. Sie bleiben eng auf den Text bezogen und werden nur behutsam in Ergänzungsbereiche hinein erweitert (Entstehung, deutende Stellungnahmen, Wertungen). Dennoch wird ein zentraler Begriff aufzugreifen sein („Leid"), der bereits für Hauptmanns frühes Schaffen bestimmend ist. Schon der junge Gerhart Hauptmann sieht sich aufgerufen, mit seinem Wort dieser Wahrheit des Lebens zu dienen.

Wir legen unserem Erläuterungsband die in den meisten Schulen vorhandene bzw. leicht zugängliche **Reclam-Ausgabe** zu Grunde (RUB 6617, Ausgabe 2001). Die Kenntnis des Primärtextes setzen wir voraus. Unsere kurzgefasste **Inhaltsangabe** (⇒ **2.3**) dient lediglich dem Zweck, den Handlungszusammenhang rasch wiederherzustellen.

Die **Erläuterungskapitel** selbst (⇒ **2.4; 2.6; 2.7**) sind nicht als ‚Musteraufsätze' zu verstehen. Sie sind lediglich als Anstöße gedacht, denen der Leser sich (nach gründlicher Lektüre der Novelle) anschließen mag oder durchaus auch seinen eigenen Verstehensentwurf zur Seite stellen sollte. Dabei ist intendiert, dass von aufmerksamen und interessierten Lesern der Novelle weit mehr textrelevante Details aufgedeckt werden (Handlung, Personen, Sprache und Stil, Deutungsaspekte) als die von uns angegebenen und kommentierten.

Auch die **Schaubilder** (⇒ **2.3; 2.4; 2.6**) wollen den Lernenden zu eigenen Entwürfen/Veranschaulichungen anregen. Sie haben andeutenden Charakter.

Die meisten der zitierten **Textauszüge** aus der Sekundärliteratur (⇒ **2.7; 4**) sind austauschbar. Darin fassen wir das von uns Ausgeführte aus unterschiedlichen Betrachtungswinkeln noch einmal zusammen (2.7) bzw. erweitern es um solche Aspekte, auf die wir in unseren Erläuterungen nicht vertieft eingehen konnten (4.).

Von einigem Wert sind für den Lernenden die Ausführungen im Kapitel Themen und Aufgaben (⇒ **3.**), obwohl auch hier keine Gebrauchsmuster geliefert werden. Sie sind in zwei **Aufgabenblöcke** geteilt (**A** und **B**). Im ersten Block kann anhand der gestellten Aufgaben noch einmal nachvollzogen werden, worauf das „**lernende Lesen**" fokussiert werden sollte. Der zweite Block will zur **freieren Nacharbeit** ermutigen.

Mit unseren relativ breiten **Literaturhinweisen** könnte sich der jugendliche Leser überfordert sehen. Wir grenzen sie deshalb in diesem Vorwort auf einige „zumutbare" Autoren/Titel ein: Volker Neuhaus, *Bahnwärter Thiel* (Reclam „Erläuterungen und Dokumente"); Franz-Josef Payrhuber, *Gerhart Hauptmann* (Reclam „Literaturwissen"); Kurt-Lothar Tank, *Gerhart Hauptmann* (Rowohlt Monographie); Gerhard Schulz, *Theorie des Naturalismus* (Reclam). – Studierenden empfehlen wir die folgenden Bände: Friedhelm Marx, *Gerhart Hauptmann* (Reclam „Literaturstudium"); Peter Sprengel, *Gerhart Hauptmann* („Beck'sche Elementarbücher"); Roy C. Cowen, *Der Naturalismus. Kommentar zu einer Epoche* (Winkler).

Die begleitenden **Merkfelder**, darauf sei besonders aufmerksam gemacht, enthalten stichwortartig verdichtete Informationen. In der Summe ergeben sie ein brauchbares Instrumentarium zur Wiederholung des Gelesenen.

Wir wünschen gute Unterhaltung, Freude und Erfolg beim Lernen!

Reiner Poppe

1. Gerhart Hauptmann: Leben und Werk

1.1 Biografie

Gerhart Hauptmann (1862–1946) hatte ein langes und erfülltes Leben. Er starb im Alter von 84 Jahren. Es ist nicht möglich, die Fülle ungewöhnlicher Begegnungen und Ereignisse in einer Datenübersicht zusammenzustellen, die der raschen Orientierung dienen soll. Gleichermaßen schließt es sich aus, die ungeheure Zahl an abgeschlossenen und Fragment gebliebenen Werken aufzulisten. Wir lenken daher die Aufmerksamkeit des Lesers mehr auf die Daten und Begebenheiten aus der ersten Hälfte seines Lebens (1862–1902). Aus der zweiten Hälfte beschränken wir uns einige herausragende Jahreszahlen und Werke.[1]

> langes, erfülltes und produktives Leben

Gerhart Hauptmann wurde mehrfach mit Literaturpreisen ausgezeichnet und von verschiedenenen Universitäten in Deutschland und im Ausland zum Ehrendoktor (Dr. h. c.) ernannt. Auch die höchste Auszeichnung, die ein Schriftsteller erhalten kann, der Nobelpreis, wurde ihm zuteil (1912). Er war einer der außergewöhnlichsten und bedeutendsten Vertreter der deutschen Literatur in den Jahrzehnten zwischen dem ausgehenden 19. und den ersten vierzig Jahren des 20. Jahrhunderts. Bis zum heutigen Tag ist sein enorm verzweigtes und umfangreiches Werk nicht vollständig erschlossen.

Die Zahl bedeutender Männer aus Kunst, Literatur, Theater, Wissenschaft und Politik, mit denen er im Laufe seines Lebens befreundet war, ist erstaunlich. Auch hier müssen gele-

---

1 Die beste Übersicht vermittelt die *Hauptmann-Chronik* von Mechthild Pfeiffer-Voigt (siehe Literatur)

gentliche Hinweise ausreichen, um das eigentliche Anliegen dieses Erläuterungsbandes, Hilfen zum besseren Verstehen der Novelle *Bahnwärter Thiel* zu geben, nicht in den Hintergrund treten zu lassen.

Jahr	Ort	Ereignis	Alter
1862	Ober-Salzbrunn	Geburt am 15. November; G. H. ist das jüngste von vier Kindern der Eheleute Robert Hauptmann (1824–1898) und Marie Hauptmann, geb. Straehler (1827–1906). – G. H.s Geschwister sind: Georg H. (1853–1899); Johanna Katharina H.(1856–1943); Carl H. (1858–1921)	
1868		Besuch der Volksschule – keine frohe Zeit für den kleinen Gerhart	6
1874	Realschule Breslau	erfolglose Schulzeit	12
1878	Lohnig	Beginn einer Lehre als „Gutsélève" (landwirtschaftliche Ausbildung)	16
1879	Lohnig	Abbruch der Lehre aus gesundheitlichen Gründen	17
1880	Breslau	Bildhauerklasse an der Königlichen Kunst- und Gewerbe-Schule; *Gedichte, dramatische Entwürfe*[2]	18

---

2 Die frühen dichterischen Versuche (u. a. *Germanen und Römer; Der Hochzeitszug; Promethidenlos*) lassen kaum den späteren Dramatiker und Erzähler erkennen. G. H. hatte sich noch nicht für eine Schriftsteller-Laufbahn entschieden. Er sah seine zweite Begabung, die bildhauerische, immer noch als die ihm gemäße künstlerische Ausdrucksfähigkeit an.

Jahr	Ort	Ereignis	Alter
1882	Jena	Student der Geschichte; Verlobung mit Marie Thienemann	20
1883	Rom-Aufenthalt	Mittelmeerreise; schwere Erkrankung in Rom; Rückkehr	21
1884	Dresden	Besuch der Zeichenklasse an der Königlichen Akademie; Teilnahme am Kulturleben	22
1885	Dresden; Berlin; Rügen; Hiddensee	G. H. heiratet Marie Thienemann; Umzug nach Erkner	23
1886	Berlin–Erkner	Kontakte zu literarischen Kreisen der Stadt; ernsthafte literarische Arbeiten	24
1887	Berlin; Riesengebirge	*Bahnwärter Thiel; Fasching* (novellistische Studien)	25
1888	Zürich-Aufenthalt	Bei der Familie seines älteren Bruders Carl; umfangreiche literarische Pläne; breit angelegte Studien (Soziologie, Religion, Psychologie)	26
1889	Umzug nach Berlin	Erstaufführung des sozialen Dramas *Vor Sonnenaufgang*; Arbeit an *Die Weber*; G. H. lernt einflussreiche Leute kennen: u. a. Paul Schlenther. [3]	27
1890		Erfolge und Anerkennung; G. H. hat den Durchbruch als Schriftsteller endgültig geschafft; Beginn der Freundschaft mit dem	28

---

3   Paul Schlenther (1854–1916), Regisseur und Schriftsteller, zählte zu den bedeutendsten Förderern des jungen Gerhart H. Er schrieb auch die erste Hauptmann-Biografie.

Jahr	Ort	Ereignis	Alter
		Verleger Samuel Fischer.[4] *Der Apostel* (Novelle) und *Das Friedensfest* (Drama)	
1891	Schreiberhau/ Riesengebirge; Eulengebirge	Umzug zusammen mit der Familie seines Bruders Carl nach Schreiberhau; Bekanntschaft mit dem berühmten norwegischen Dramatiker Henrik Ibsen.[5]	29
1892	Schreiberhau; Berlin; Franken	G. H. beendet das *Weber*-Drama. Aufführungsverbot; Rechtstreit; Materialsammlung für ein Geschichtsdrama *(Florian Geyer)*	30
1893	Berlin	enge Verbindung zu Margarete Marschalk (⟹ **1.2; 2.1**); erfolgreiche Bühnenwerke: *Der Biberpelz* (Komödie) und *Hanneles Himmelfahrt* (Traumdichtung)	31
1894	Berlin; USA	Ehekrise; Marie H. verlässt mit den Kindern ihren Mann. G. H. reist ihr nach. Erster ungeplanter USA-Aufenthalt G. H.s; vorübergehende Versöhnung	32
1896	Wien	Grillparzer-Preis für *Florian Geyer*; *Die versunkene Glocke* (Märchendrama);	34

---

4   Samuel Fischer (1859–1934) hatte es nicht leicht mit G. H., einem seiner berühmtesten und einträglichsten, aber in finanziellen Dingen auch schwierigsten Autoren.

5   In dem Norweger Henrik Ibsen (1828–1906) sah die junge deutsche Dramatiker-Generation ihr großes Vorbild. Als sie erwachte, hatte Ibsen schon die Bühnen gestürmt und verändert. Seine sozialkritischen Dramen *Stützen der Gesellschaft* (1877), *Ein Puppenheim* (1879), *Ein Volksfeind* (1882) oder *Rosmersholm* (1886) waren beinahe schon zu Klassikern des modernen Theaters geworden, als G. H. sein erstes Drama *Vor Sonnenaufgang* (1889) vorstellte.

Jahr	Ort	Ereignis	Alter
1897	Italien-Aufenthalt	mehrmonatige Reise zusammen mit Margarete M.; *Italienische Reise von 1897* (Tagebuch); Familienstreitigkeiten; G. H. überlässt seinem Bruder Carl das Haus in Schreiberhau	35
1898	Berlin; Dresden	*Fuhrmann Henschel* (Drama)	36
1900–03	Agnetendorf	(„Wiesenstein") Einzug in das neue Haus zusammen mit Margarete M. und dem 4. Sohn Benvenuto; *Schluck und Jau* (Komödie;1900); *Michael Kramer* (Künstlerdrama; 1900); *Der rote Hahn* (Tragikomödie; 1901); *Rose Bernd* (soziales Drama; 1903)	38–41
1904	Agnetendorf	Scheidung von Marie H. und Eheschließung mit Margarete;	42
1905	Berlin; Oxford	„Orloff-Affaire"[6]; erste und einzige England-Reise G. Hs.	43
1906		*Und Pippa tanzt* (Glashüttenmärchen)	
1907	Giechenland	ersehnte und lange geplante Reise nach Griechenland; Reisetagebuch *Griechischer Frühling* (1908)	45
1909–1911	Wien, Prag, München, Leipzig; Hamburg, Zürich	ausgedehnte Vortragsreisen; zahlreiche Werke in Arbeit; abgeschlossen und veröffentlicht: *Der Narr in Christo Emanuel*	47–49

---

6 Kaum geschieden und wieder frisch vermählt, verstrickte sich G. H. in eine Beziehung mit der jungen Schauspielerin Ida Orloff (1889–1945), die beide gefühlsmäßig beinahe überforderte.

Jahr	Ort	Ereignis	Alter
		Quint (Roman; 1910); *Die Ratten* (Tragikomödie; 1911)	
1912	Stockholm; Berlin	Verleihung des Nobelpreises; großer Festakt zum 50. Geburtstag im berühmten Berliner Hotel „Adlon"; *Atlantis* (Roman) und *Gabriel Schillings Flucht* (Drama)	50
1914	Berlin, Hiddensee, Agnetendorf	Ausbruch des Ersten Weltkrieges; Tod seiner ersten Frau Marie H. am 6. Oktober; *Der Bogen des Odysseus* (Drama)	52
1915–18	Berlin, Hiddensee	Arbeit an verschiedenen Werken; *Der Ketzer von Soana* (Erzählung; 1917)	53–56
1921	Prag	Tod des Bruders Carl H.	59
1922	Berlin, Breslau, Holland	Ehrungen zum 60. Geburtstag; eine zwölfbändige Gesamtausgabe seiner Werke erscheint.	60
1924	Berlin, Hiddensee	denkwürdige Begegnung mit Thomas Mann.[7]	62
1925–31	Rapallo (Winter-Zufluchtsort in Italien, stets die ersten Monate des Jahres)	G. H. ist mit zahlreichen Projekten befasst, u. a. auch mit dem Film;	63–69

---

7   G. H. hatte Thomas Mann (1875–1955) als Schriftsteller schon lange wahrgenommen. Während eines Hiddensee-Aufenthalts lernten sie sich näher kennen. Beide lasen einander aus neuen Werken vor, Hauptmann aus *Die Insel der Großen Mutter* und Th. Mann aus *Der Zauberberg*. Höfliche Komplimente wurden ausgetauscht. Später revidierte Hauptmann seine Einschätzung. Er sah sich in der Gestalt des Mynheer Peeperkorn lächerlich gemacht. Th. Mann gab sich große Mühe, den tief verletzten G. H. zu versöhnen.

Jahr	Ort	Ereignis	Alter
1926	Leipzig, München, Wien u. 14 weitere Städte	*Dorothea Angermann* (Drama) in Wien, Leipzig und München uraufgeführt	64
1930	Hiddensee	Kauf des Hauses „Seedorn"	68
1932	USA-Reise; nach Rückkehr Aufenthalte in vielen deutschen Städten; Hiddensee	ausgedehnte USA-Reise; Auszeichnungen verschiedener Universitäten; Ehrungen zum 70. Geburtstag; Festakte in allen bedeutenden Theater-Städten, die mit dem Schaffen und Wirken G. H. eng verbunden sind: Breslau, Berlin, Dresden, Hamburg, Leipzig, Prag, Wien; Ehrenbürgerschaften; Sonderausgaben seiner Werke; *Vor Sonnenaufgang* (Drama)	70
1933	Hiddensee, Agnetendorf*	Machtübernahme Hitlers und beginnende Willkür des Nazi-Regimes; G. H. wird von den neuen Machthabern ins Abseits gestellt; zurückgezogenes Schaffen	71
1937	Hiddensee, Agnetendorf,	*Das Abenteuer meiner Jugend* (Autobiografie)	75
1942	Berlin, Breslau; Dresden; Agnetendorf	Ehrungen zum 80. Geburtstag, der auch von der Reichsspitze nicht übergangen wird; *Gesammelte Werke* in 17 Bänden; Fest-	80

Jahr	Ort	Ereignis	Alter
		aufführungen; Arbeit an der *Atriden*-Tetralogie.[8]	
1943	Hiddensee	letzter Besuch G. H.s auf der Insel, die seine zweite Heimat ist; unter wachsender Kriegsbedrohung fortgesetztes Schaffen	81
1945	Dresden, Agnetendorf	Zerstörung Dresdens durch die Alliierten (13./14. Februar); Besetzung des „Wiesenstein" am 9. Mai durch sowjetische Truppen; das Haus und die Familie G. H.s stehen unter dem Schutz der sowj. Kommandantur; über den Rundfunk spricht G. H. eine Botschaft an die Deutschen.[9]	83
1946	Agnetendorf, Hiddensee	Tod Gerhart Hauptmanns in seinem 84. Lebensjahr am 6. Juni in seinem Haus in A.; Beisetzung am 28. Juli.	83
1957	Ebenhausen/ Isartal, Hiddensee	Margarete Hauptmann stirbt am 17. Januar in einem Sanatorium bei München. Am 6. Juni 1983 wird ihre Urne in der Grabstätte ihres Mannes beigesetzt.	

---

8 Die *Atriden*-Tetralogie umfasst die Werke: *Iphigenie in Aulis, Agamemnons Tod, Elektra, Iphigenie in Delphi.*

9 G. H. war nach der Vernichtung Dresdens ein gebrochener Mann. Seine erschütternde Rundfunk-Ansprache beginnt mit den Worten: *Wer das Weinen verlernt hat, der lernt es wieder beim Untergang Dresdens. Dieser heitere Morgenstern der Jugend hat bisher der Welt geleuchtet .* – Gerhart Hauptmann, *Centenarausgabe XI,* S. 1205 (nicht im Literaturverzeichnis aufgeführt)

1.2   Zeitgeschichtlicher Hintergrund

Gerhart Hauptmanns Gesamtwerk, der erschlossene wie der noch zu hebende Teil, stellt in seiner Vielfalt und in seinem Facettenreichtum ein bedeutendes, nahezu einzigartiges Vermächtnis der deutschen Literatur dar. Obwohl der Dichter in seinem langen Leben viele, darunter auch schwierige Wege ging und dabei mannigfache Wandlungsprozesse durchlief, war er stets ein Künstler mit einem scharfen Blick für das Wirkliche und einem ebenso feinen Gespür für das Unwirkliche, das Phantastische und Mythische. Die beiden Pole verbinden sich in Hauptmanns Werk und kehren in beinahe konzentrischen Kreisen in den mehr als fünf Jahrzehnten seines Wirkens als Schriftsteller in unendlichen Variationen wieder. Charakteristisch für ihn ist die häufige Assoziierung von Träumen und Traumwelten. Deshalb sind auch dem Bemühen, entscheidende Einflussfaktoren auf das Leben und

> umfangreiches, sehr facettenreiches Werk

künstlerische Schaffen dieses Menschen trennscharf voneinander abzuheben, zwangsläufig Grenzen gesetzt. Wir können dennoch vereinfacht von fünf prägenden Erfahrungskomplexen sprechen: Herkunft – Wissensdurst – Meisterung persönlicher Lebenskrisen – Reiselust gepaart mit Neugier auf Menschen und fremde Kulturen – immer währende Griechenlandsehnsucht.

Gerhart Hauptmann selbst nannte die vier Jahre, die er in Erkner verbrachte, die „vier Ecksteine" für sein Werk. Alles beruhte aber eigentlich auf der schlesischen Herkunft und dem geistig-kulturellen Erbe, das er in sich trug. Zweifelsfrei hat Hauptmanns Doppelblick auf Wirklichkeit und das Überwirkliche sowie seine Befähigung zu schöpferischer Verwandlung den tiefsten Ursprung in seiner schlesischen Heimat.

prägende Einflüsse:
Heimat; Herkunft; Literatur;
Lebenskrisen; Reisen;
Menschen; Griechenland

Man sagt ihren Menschen nach, dass sie mit einem besonderen Sinn und besonderen Begabungen ausgestattet sind.[10] Damit kann bei Hauptmann nicht alles erklärt, aber vieles (scheinbar) Widersprüchliche in seinem Werk und manches Unklare in seinem Wesen verstanden werden.

Gerhart Hauptmann war bis ins hohe Alter hinein ein eifriger Leser. So verzweigt wie sein eigenes Werk war auch seine private Bibliothek mit wechselnden Vorlieben für Autoren und ihre Werke. Die Lektüre von Abenteuerbüchern und Historiengemälden hatte seine jugendliche Fantasie beflügelt: (Defoes *Robinson Crusoe*; F. Dahns *Der Kampf um Rom* u. v. a.). Später waren es Shakespeare und Goethe. Sein Werk ist reich an dichterischer Projektion solcher Erfahrungen, die nicht selten durch die lebendige Begegnung und Berührung mit zeitgenössischen Autoren noch vertieft wurden (Ibsen, Fontane u. a.)

Im Leben dieses großen Deutschen und bedeutenden Schriftstellers gab es ungeheure Höhen und Tiefen, die in einer Vielzahl seiner Werke abgebildet sind. Jeweils beide Erfahrungsbereiche forderten seine schöpferischen Kräfte heraus. Unter seiner mehr als zehn Jahre andauernden Ehekrise wäre er fast zu Grunde gegangen. Schwere Erkrankungen (unter allen die schwerste wohl zwischen 1901 und 1904), ließen ihn das

---

10 Zeitgenosse, Freund und einer der besten Kenner von Hauptmanns Leben und Werk, Felix A. Voigt, schreibt zum Wesen und Charakter der Schlesier in einer kleinen, aber sehr gehaltvollen Schrift: „Keine Frage: der Schlesier ist neben aller verschlossenen Besinnlichkeit auch höchst lebenslustig, ja lebensgierig, leicht erregbar, das Herz auf der Zunge, schnell emporflammend, jähzornig, aber auch leicht wieder besänftigt, von einer ausschweifenden Fantasie, bei aller Weltverneinung auch voll dämonischer Sucht nach dem Diesseits. Im Grunde beweist das alles nur, dass ihm hier ein schöpferischer Eros zuteil wurde." – Felix A. Voigt, *Gerhart Hauptmann*, S. 9

menschliche Leben mit geläutertem Blick sehen.[11] Bezeichnend für ihn ist, dass er sich schöpferisch von dem auf ihm lastenden Druck befreite. Er schrieb sich gesund (*Der arme Heinrich; Rose Bernd*). – Zwischen 1914/18, der Zeit des Ersten Weltkrieges, litt Hauptmann unter den Zurückweisungen, die er von vielen Seiten wegen seiner spontan geäußerten Kriegsbegeisterung und seiner vermeintlichen Verteidigung der Barbarei erfuhr.[12] Hart trafen ihn auch die vielen, teils ungerechten Urteile, in denen man seine Passivität gegenüber der Nazi-Diktatur geißelte.[13] Hauptmanns Leiden unter dem Leid, das der Zweite Weltkrieg über Deutschland und sein engeres Heimatland brachte, ist lange Zeit verkannt worden. Längst ist er rehabilitiert, und seine Werke beweisen, wie sehr er Krieg und Gewalt verabscheut hat (*Magnus Garbe*; *Atriden-Tetralogie* u. a.).

War die weit gespannte Lektüre die Seite seiner Welterfahrung aus zweiter Hand, so nahm er das Leben unmittelbar und aus originärsten Quellen auf seinen vielen Reisen in sich auf. Hauptmann war kein ‚Globetrotter‘, aber jemand, der sehr bewusst unterwegs war. Landschaften und Menschen prägten sich ihm tief ein. *Bahnwärter Thiel* ist in dieser Hin-

---

11 Im Februar 1901 war G. H. lebensgefährlich erkrankt, mit seinen Kräften buchstäblich am Ende. Nur allmählich erholte er sich. – Er hatte sich mit Aufgaben und großen Projekten übernommen. Seine schwierigen privaten Verhältnisse (Marie – Margarete), die ihn seit 1894 schwer belasteten, trieben ihn beinahe in den Selbstmord.

12 „Schwankend zwischen dem Gefühl, dem Krieg zuzustimmen, den sein über alles geliebtes Deutschland nun gegen viele Feinde zu führen hatte, und seiner Abscheu gegen jede Art der Verrohung und Entmenschlichung, trat er in einem beispiellos naiven Heroismus an die Öffentlichkeit. Seine verblendete Sicht auf die vermeintlich unschuldig-opfervolle Rolle Deutschlands gipfelte in einem offenen Brief an den französischen Pazifisten Romain Rolland (1866–1944), in dem er alle Vorwürfe gegen sein Vaterland zurückwies und sich in eine politische Kontroverse verlor, die ihn viele Sympathien kostete." – Reiner Poppe, *Gerhart Hauptmann*, S. 63

13 Alfred Kerr (1867–1948), eigentlich Alfred Kempner, der wohl eigenwilligste Theater-Kritiker des ausgehenden 19. und frühen 20. Jahrhunderts, war zunächst einer der unvoreingenommensten Förderer G. H.s. Als der schlesische Dichter, dessen Wort in Deutschland und in der Welt etwas galt, nicht klar und deutlich gegen das Nazi-Regime stellte, wurde er zu einem seiner erbittertsten Feinde.

sicht kein ‚Zufallsprodukt' (märkische Landschaft), wohl aber ein erstes bedeutendes Beispiel für seine schöpferische Anverwandlung sinnlich erfahrener Landschaften und Kulturräume. Hiddensee, Italien, Schlesien und Griechenland lieferten seinem Werk den sinnlich erfahrenen Hintergrund für charakteristische Ausprägungen im zahlreichen Werken (*Schluck und Jau; Gabriel Schillings Flucht; Die Insel der Großen Mutter; Der Ketzer von Soana; Und Pippa tanzt; Der Narr in Christo Emanuel Quint* u. a.)

Hauptmanns Griechenland-Sehnsucht ist sprichwörtlich. Sie hat ihn sein ganzes Leben lang nicht losgelassen. Als er das ersehnte Land 1907 besuchen konnte, öffnete sich ihm für seine Gegenwart und Zukunft eine ganz neue Welt. In Griechenland, so empfand er, wurde er erst wirklich frei und empfänglich für das Erleben seiner schlesischen Heimat. Die Dramen *Der Bogen des Odysseus, Gabriel Schillings Flucht* und das Reisetagebuch *Griechischer Frühling* sind ablesbare Zeugnisse dieser ihn tief prägenden Kultur-Begegnung und Kultur-Verinnerlichung. K. L. Tank fasst dieses Erleben Hauptmanns in die Worte:

> „*Für Hauptmann ist das Griechentum zwar begraben, aber nicht gestorben. In jedem Frühling erwacht es aufs Neue (...) Es verknüpft Träume der frühesten Kindheit und einer glücklichen Menschheitsstunde zum Ewigkeitsaugenblick einer nur in der Heimat und nur in Griechenland genossenen Daseinsfreude.*"[14]

Was hier nur angedeutet ist, sollte der Leser in einzelnen der erwähnten Werke Gerhart Hauptmanns und in der ausgewählten Sekundärliteratur eigenständig weiter verfolgen. Er kann sich schöner und überraschender Entdeckungen sicher sein.

---

14 Kurt L. Tank, *Gerhart Hauptmann*, S. 7

1.3 Angaben und Erläuterungen zu wesentlichen Werken

Die Novelle Bahnwärter Thiel im frühen Schaffenskontext Gerhart Hauptmanns

Von den ehrgeizigen, gleichwohl noch sehr unklaren Anfängen des Schriftstellers Gerhart Hauptmann bis zur Erstaufführung seines ersten Dramas *Vor Sonnenaufgang* und der Veröffentlichung seiner drei Novellen *Fasching*, *Bahnwärter Thiel* und *Der Apostel* war es ein langer und schwieriger Weg. Diese vier Arbeiten (neben zahlreichen anderen Versuchen) gelten als die gültigsten Leistungen aus dem Frühwerk Gerhart Hauptmanns.[15] Untersuchungen der jüngeren Hauptmann-Rezeption erkennen bereits in *Bahnwärter Thiel* „einen erstaunlichen Reichtum Hauptmann'scher Grundmotive"[16], die sich auch in Werken der mittleren und späten Schaffens wiederfinden. Sie offenbaren zweifelsfrei eine vorhandene Kontinuität in Hauptmanns Werk trotz der schier unüberschaubaren Vielfalt an Themen, Stilen und Formen, die es sehr schwer macht, ihnen gerecht urteilend zu begegnen:

> „*Es ist schwer zu sagen*", schreibt Hans-Joachim Schrimpf, „*was dabei beeindruckender erscheint: der alles aufgreifende und zusammenraffende Ekklektizismus oder die sich noch dabei immer wieder behauptende Originalität, die überwuchernde und auseinander strebende Vielfalt aus der deutschen und europäischen Tradition angeeigneten Stoffe, Motive und Formen oder die Einheit und Konsequenz charakteristischer, sich durch das ganze Werk durchhaltender Strukturen.*"[17]

---

15 Sigfrid Hoefert, zitiert in Reiner Poppe, *Bahnwärter Thiel*, 4. Auflage 1997, S. 51
16 Peter Sprengel, *Gerhart Hauptmann*, S. 191
17 Hans-Joachim Schrimpf, *Gerhart Hauptmann*, S. XIV

Weltanschaulich sind die drei frühen Novellen durch das Ineinandergreifen von Realitätserfassung und mythologisierenden Tönungen gekennzeichnet, sprachlich-stilistisch durch einen ‚neuen Erzählton' zwischen Sachlichkeit und symbolhafter Verdichtung. Das hebt sie von den ersten, noch sehr tastenden Versuchen des jugendlichen Schwärmers ab und gilt in herausragender Weise für den *Bahnwärter Thiel*. Sprengel bestimmt den Platz der Novelle „zwischen Poetischem Realismus und Naturalismus".[18]

> **Aufsehen erregende Erzählungen: *Fasching* und *Bahnwärter Thiel***

Die Novelle *Fasching* entstand vor dem *Thiel* und wurde 1887 zunächst in einer wenig erfolgreichen Literaturzeitschrift veröffentlicht.[19] Obwohl auch sie ein kleines Meisterwerk ist, fand sie nie den Anklang wie die ein Jahr später geschriebene Bahnwärter-Novelle. *Fasching* geht auf einen Unglücksfall zurück, der sich im Winter auf dem Flakensee nahe Erkner ereignet hat (13. Febr. 1887): Beim Überqueren des Sees brach ein biederer Handwerker mit seinem Schlitten durch die Eisdecke und ertrank, ebenso seine ihn begleitende Frau und ihr Kind. – In Gerhart Hauptmanns Novelle ist es das lebenslustige und geldgierige Ehepaar Kielblock, das bei der nächtlichen Heimfahrt von einem ausgelassenen Fest (Fasching) einbricht und ertrinkt. Der mahnend erhobene Zeigefinger des knapp 25-jährigen Erzählers ist nicht zu übersehen. Deutlich tritt jedoch neben die Sozialkritik die Schilderung einer dämonischen Natur und darin eines der Hauptthemen Gerhart Hauptmanns überhaupt: die Schutzlosigkeit des Menschen gegenüber unberechenbaren Kräften und Mächten außerhalb des rational Erfassbaren. An dieser Stelle soll aber auch die sprachliche Ausdruckskraft des Autors hervorgehoben werden, die den geborenen Erzähler hörbar macht:

---

18 Peter Sprengel, S. 194 (⇒ 2.7)
19 Friedhelm Marx, *Gerhart Hauptmann*, S. 268

> *[...] Der Pendel der alten Schwarzwälder Uhr ging gemessen hin und her, tick, tack. Die Greisin schwieg oder leierte mit scharfer Stimme ein Gebet herunter. Lotte knurrte von Zeit zu Zeit im Schlaf, und von draußen klangen jetzt laut und vernehmlich die dröhnenden Tubastöße des Sees, dessen Eisspiegel sich wie eine riesige Demantscheibe weiß lodernd im Vollmond und scharf umrissen zwischen die tintenschwarz herabhängenden formlosen Abhänge der Kiefernhügel hineinspannte."*[20]

Hauptmann nimmt in diesem Abschnitt den Tod der Kielblocks vorweg. Der ungerührte Pendelschlag der Uhr symbolisiert die unerbittlich verrinnende (Lebens-)Zeit. Das Bedrohliche wird durch starke akustisch-optische Eindrücke aufgebaut. Im *Thiel* stößt der Leser auf ähnliche Passagen. –

Im Abstand von drei Jahren erschien die dritte Novelle, der *Apostel* (1890), die unter dem Eindruck von Gerhart Hauptmanns Züricher Aufenthalt entstand. (⇒ **2.1**) – Geltungssucht, Eitelkeit, Gefühlsüberschwang und rauschhaftes religiöses Empfinden veranlassen einen jungen Mann, sich als ‚Nachfolger Jesu' aufzuschwingen und den Menschen die (göttliche) Friedensbotschaft zu bringen. Er träumt sich in unwirkliche Welten und macht sich dabei vor den Menschen, die sein Treiben wahrnehmen, lächerlich:

> *[...] Und nun, aus der mutigen Aufwallung seines Innern stieg es als fester Entschluss. Die Zeit war gekommen. Es musste geschehen. In ihm war eine Kraft, die Menschheit aufzurütteln. Jawohl, und sie mochten lachen, spotten, ihn verhöhnen, er würde sie dennoch erlösen, alle, alle!"*[21]

Auch diese Novelle, die häufig zu Unrecht lediglich als Vorübung zu dem großen Roman *Der Narr in Christo Emanuel*

---

20 Gerhart Hauptmann, *Fasching*, S. 14 (RUB 8362)
21 Gerhart Hauptmann, *Der Apostel*, S. 46 (RUB 8362)

Quint, Hauptmann schlesischstem Werk, gesehen worden ist, beeindruckt durch ihre künstlerische Geschlossenheit.

Auf dem Wege zu einem persönlichen Ausdruck im literarischen Schaffen: „Epiphanie des Göttlichen im Menschen und in der Natur"

Nach Guthke verbindet „die Frage nach der Möglichkeit der Epiphanie des Göttlichen im Menschen und in der Natur"[22] diese drei frühen Erzählungen. Der noch junge Erzähler Gerhart Hauptmann lotet dabei die Gegensätze und Widersprüche aus, die sich ihm in den Erscheinungen der Welt und in den Menschen offenbaren: Der rücksichtslosen und egoistischen Lebensweise der Kielblocks wird durch eine ebenso faszinierend schöne wie dämonisch-zerstörerische Natur ein Ende bereitet. – Der junge Prediger (*Der Apostel*), der sich für den wiederauferstandenen Sohn Gottes hält, wird überwältigt von der Schönheit der ihn umgebenden Natur und ein Opfer seiner eigenen Welterlösungs-Fantasien. – Thiel schließlich zerbricht an sich selbst und greift mit verwirrten Sinnen auf fürchterliche Weise in die für ihn aus dem Gleichgewicht geratene Lebensordnung ein.

---

22 Karl S. Guthke, *Nachwort zu Fasching*, S. 61

2. Textanalyse und -interpretation

2.1 Entstehung und Quellen

Liegt dieser Novelle auch keine tatsächliche Begebenheit zu Grunde, so ist die Umgebung, in der sie entstand, die märkische Kiefernheide mit ihren Siedlungen und Menschen, doch authentisch abgebildet worden. Da und nur dort hätte sich alles tatsächlich so ereignet haben können, wie es Gerhart Hauptmann erzählt.

Frisch vermählt, ziehen die jungen Hauptmanns 1895 nach Erkner, als wegen der labilen und immer wieder bedrohten Gesundheit des Ehemannes ein Wechsel in eine ländliche Region angezeigt ist. Sie mieten die untere Etage einer Villa (Lassen), heute das Gerhart-Hauptmann-Museum, und leben dort ziemlich genau vier Jahre bis 1889. Erkner ist um jene Zeit ein 1000-Seelen-Ort und durch eine Bahnverbindung an Berlin angeschlossen. Weit genug abseits der Riesenstadt, dennoch ihrem pulsierenden Leben nah genug, erholt sich der junge angehende Schriftsteller in der Provinz. Aus den späteren Aufzeichnungen Hauptmanns wissen wir, dass dieser Schritt ihm wahrscheinlich das Leben gerettet und zum Durchbruch als Schriftsteller verholfen hat.[23] Auf langen Spaziergängen lernt er die Gegend und ihre Menschen kennen. Er kommt mit vielen von ihnen ins Gespräch. Ganz lebendig entstehen die Kätner, Fischer oder Förster, das Spitalmütterchen oder die Waschfrau, der Bahnwärter oder die einfachen Arbeiter vor uns. Zu allem macht sich Gerhart Hauptmann Notizen. So entwickelt sich die Novelle *Bahnwärter Thiel*

> folgenreicher Schritt:
> Erkner bei Berlin

---

23 Gerhart Hauptmann, *Abenteuer*, S. 264

auf eine ganz ungezwungene Weise, nicht anders *Der Biber-pelz* und der *Rote Hahn*, die aber erst später vollendet werden. Die Zeit in Erkner ist aber auch ausgefüllt mit intensiver Lektüre (Turgenew, Zola, Ibsen, Büchner) und Jesus-Studien, die auf den Abschluss eines Jesus-Dramas zielen. Es bleibt aber bei immer wieder unternommenen Versuchen, die auch später zu keinem runden Ergebnis führen.

Von Erkner aus unterhält Gerhart Hauptmann Verbindung zu anderen Schriftstellern und literarischen Gruppierungen, u. a. zu der progressiven Literaturgruppe „Durch", die 1886 ins Leben gerufen worden ist. Im Hinterzimmer einer Kneipe werden die neuen literarischen Theorien („Naturalismus") heiß diskutiert und Arbeiten vorgestellt. Bald ist der junge, sich distanziert verhaltende junge Mann aus Erkner ein gern gesehener und mit Neugier erwarteter Gast in der Runde der Brüder Hart, B. Wille, A. Holz, J. Schlaf, W. Bölsche oder C. Bleibtreu.[24] Sein Büchner-Vortrag (17. Juni 1887) unterstreicht, dass er kein Nach- oder Mitläufer in der jungen literarischen Vereinigung, sondern ein eigenständig denkender und keineswegs ein auf modernistische Schlagworte festzulegender Schriftsteller ist.

Marie Hauptmann versucht sich vergeblich mit dem Landleben anzufreunden. Häufig ist sie allein, während ihr Mann sinnierend oder diskutierend unterwegs ist. Marie ist eine eifrige Briefschreiberin und hält die Verbindung zu den Familien der Schwestern aufrecht. Ihr obliegen auch die nüchternen Alltagspflichten, und sie müht sich redlich, ihrem Mann den Rücken frei zu halten, so dass sich dieser unbelastet seinen

---

24 Die Brüder Heinrich Hart (1855–1906) und Julius Hart (1859–1930), Bruno Wille (1860–1928), Arno Holz (1863–1929), Johannes Schlaf (1862–1941), Wilhelm Bölsche (1861–1939) und Karl Bleibtreu (1859–1928) waren die führenden Theoretiker der neuen Kunstrichtung. Sie traten auch mit eigener Lyrik, Prosa oder Dramen in Erscheinung. – Vgl. Dazu Roy C. Cowen: *Der Naturalismus. Kommentar zu einer Epoche* und Theo Meyer (Hg.), *Theorie des Naturalismus* (Literatur)

literarischen Projekten zuwenden kann. Oft hilft sie ihm bei den Niederschriften seiner Dichtungen. Zwischendurch werden gemeinsam, hin und wieder getrennt, kleine Reisen unternommen. Marie Hauptmann ist sparsam und teilt das ihr zugefallene Erbe, das täglich schmaler wird, so gut es geht ein. In Erkner werden auch die drei Hauptmann-Söhne aus der Ehe mit Marie geboren. Die Geburt der Kinder hält die junge Ehe, in der es häufig kriselt, noch eine Weile zusammen. Als das Ehepaar Erkner den Rücken kehrt, um nach Berlin (Charlottenburg) zurückzukehren, ist die junge Frau mehr als glücklich. Gerhart Hauptmann indes ist sich stets bewusst geblieben, was er Erkner zu verdanken hat. Noch 1942, bei seinem letzten Besuch, erinnert sich der Achtzigjährige voller Wehmut an die Jahre seiner ersten wirklichen literarischen Erfolge und an das von Turbulenzen begleitete Drama *Vor Sonnenaufgang* (1889), das er dort zu schreiben begonnen hatte.

Der *Bahnwärter Thiel* erscheint in der Zeitschrift „Die Gesellschaft" und macht Gerhart Hauptmann schlagartig bekannt. Erst vier Jahre später wird die Novelle zusammen mit *Fasching* als Buchausgabe veröffentlicht. Von Zürich aus, wo er sich 1888 beinahe ein halbes Jahr aufhält, schickt er das Manuskript an den Münchener Literaturmacher Michael G. Conrad (1846–1927). Kaum publiziert, löst sie die begeisterte Zustimmung von Lesern aus. In seinem Erinnerungsbuch schreibt der Herausgeber M. G. Conrad später: [25]

„Im Frühling 1887 erhielt ich Gerhart Hauptmanns erstes Novellen-Manuskript aus Zürich zugeschickt. Es war der ‚Bahnwärter Thiele' , eine blutige Familiengeschichte aus der märkischen Kiefernheide. Manuskript wie Begleitbrief waren von der Hand des Dichters sehr sorglich in lateinischer Schrift auf gro-

---

25 Conrad irrt sich hier im Datum; auch der Titel ist falsch zitiert. – Vgl. Volker Neuhaus, S. 29

*ßen Folioseiten geschrieben. Jedes Blatt war mit dem Trocken-
stempel: ,Gerhart Hauptmann' abgestempelt. Wie das Äußere,
so war der Inhalt: von vollendeter künstlerischer Ruhe, Sicherheit und Sorgfalt. Aus dem Leserkreise erhielt sich bald begeisterte Zuschriften: Man habe seit Zola keine bessere Novelle in
Deutschland gelesen. Die Technik des Vortrages sei verblüf-
fend. Voll herzlicher Freude teilte ich Hauptmann die Wirkung
seiner ersten Novelle mit. "*

Gefühlsmäßig von den ,naiven' Lesern, mit ästhetischer Ur-
teilskraft von der Kritik, wird die gesetzsprengende Besonder-
heit der Novelle sofort ausgemacht, die darin besteht, dass
Hauptmann nicht bei der „Erkenntnis" und „Analyse" ver-
harrt, sondern es versteht, dem Leser „die erregende Bedeutung dieser beobachtenden Teilhabe an allem Geschehen"[26]
nahe zu bringen. Zwar stellt er den Bahnwärter Thiel in die
Mitte seiner Novelle, aber er bringt nicht vorrangig ein sozia-
les Einzelschicksal, sondern bereits in dieser frühen Novelle
sein um das Ewigkeitsschicksal der Menschen kreisendes Denken in sprachlicher und formaler Einheit zum Ausdruck.
„Schöpfung eines Sehers, eines neuen Menschenkünders"[27]
heißt es emphatisch, aber zutreffend in einer anderen begeis-
terten Erinnerung über den Eindruck, den der *Thiel* bei sensiblen Lesern hervorrief.

Bahnwärter Thiel macht Hauptmann populär wie einen ,bun-
ten Hund', und so gehen in Erkner zahlreiche Besucher ein
und aus. Die wohl schicksalshafteste Begegnung findet im
Sommer 1889 statt, als Max Marschalk in Begleitung seiner
Schwester Margarete und eines Freundes in Erkner anklopft,
um dem Verfasser des *Thiel*, der in aller Munde ist, ihren
Besuch abzustatten. Max Marschalk ist zu diesem Zeitpunkt
ein noch weitgehend unbekannter Komponist. Er wird erst

26 Paul Böckmann, *Der Naturalismus Gerhart Hauptmanns*, S. 75
27 Ludwig Goldstein-Königsberg, zitiert in Volker Neuhaus, *Erläuterungen und Dokumente*, S. 31

durch seine Musik zu einigen Hauptmann-Werken als Komponist einen Namen machen.[28] Margarete, gerade mal ein vierzehnjähriger Teenager, wird erst ab 1893 eine auffallende Rolle in Gerhart Hauptmanns Leben spielen und später seine zweite Frau werden. Es ist nicht anzunehmen, dass es zwischen beiden bereits bei dem ersten Zusammentreffen ‚gefunkt' hat. Nicht auszuschließen hingegen ist, dass bei der jungen Besucherin und auch bei dem umschwärmten Schriftsteller erste Gefühle füreinander wach werden. – Die folgenreichen Wirkungen der Novelle *Bahnwärter Thiel* nach ihrem ersten Erscheinen lassen sich in diesen Punkten zusammenfassen:

- Gerhart Hauptmann hat sich durchgebissen und bewiesen, dass er als Schriftsteller existieren kann.
- Er hat den ersehnten Anschluss an Künstler gefunden, die ihn motivieren und mit denen er in einen kritischen Diskurs treten kann.
- Er ist populär geworden, und seine Popularität erleichtert ihm den Eintritt in die ‚große' literarische Welt.
- Sein Selbstbewusstsein ist gewachsen, und er hat einen gewaltigen Schritt auf seinem Weg zu einem der gefeiertesten Schriftsteller seiner Epoche getan.

Die Novelle wird auch heute noch als eine der Säulen im Gesamtwerk des großen deutschen Dichters betrachtet. Sie ließ von Beginn an erkennen, dass ein geborener Erzähler am Werk war. Auch als Schullektüre hat sie sich unangefochten behaupten können. Freilich tritt in der kritischen Gesamteinschätzung der Erzähler Hauptmann hinter den Dramatiker Hauptmann zurück. (⇒ **2.6**)

---

28 Max Marschalk (1863–1940), Komponist und Musikschriftsteller, schrieb u. a. die Musik zu Hauptmanns Stück *Hanneles Himmelfahrt*

2.2   Inhaltsangabe[29]

Zehn Jahre schon hat der Bahnwärter Thiel seinen Dienst in dem ihm zugewiesenen Streckenabschnitt versehen, zuverlässig und ohne Aufwand. Nur zweimal hat er wegen Erkrankung fehlen müssen. Es sind aber keineswegs die üblichen Erkrankungen gewesen, sondern Folgen von Unglücksfällen. Irgendwann hatte er eine sehr zarte, junge Frau geheiratet, die nach Ansicht der Leute nicht so recht zu seiner *„herkulischen Gestalt"* (3, 20) passte. Hatte Thiel lange Jahre den sonntäglichen Gottesdienst in der Kirche von Neu-Zittau allein besucht, kam er nun nach seiner Heirat ebenso regelmäßig mit seiner Frau (Minna). Nach zwei Jahren war er wieder allein. Minna war kurz nach der Geburt ihres ersten Kindes gestorben. Thiel nahm sich für den Neugeborenen (Tobias) eine Hilfe, die dringend erforderlich war, denn der Junge war debil. –

Wenig später heiratet Thiel ein zweites Mal, eine Kuhmagd (Lene) aus einem Nachbardorf, die seinem Äußeren besser entspricht (5, 8 f.). Man gewöhnt sich rasch an den neuen Anblick, denn Thiel setzt auch mit seiner zweiten Frau die sonntäglichen Kirchenbesuche fort. Man gönnt ihm die Frau, zumal sie gut wirtschaftet und hart arbeitet. Auf der anderen Seite empfinden die Leute um ihn herum ein gewisses Mitleid mit ihm, denn Lenes *„harte, herrschsüchtige Gemütsart, Zanksucht und brutale Leidenschaftlichkeit"* (5, 19 f.) sprechen sich bald herum. Meistens erträgt Thiel ihre krassen Entgleisungen in stoischer Ruhe. Lediglich wenn sie Tobias Unrecht tut, tritt er ihr fest und entschlossen entgegen. Doch die Male, da er die Kraft dazu aufbringt, werden seltener. Schon nach dem

---

29 Seitenangaben nach RUB 6617, durchgesehene Ausgabe 2001; die erste Zahl gibt die Seite, die nachfolgende die Zeile an.

ersten Jahr nimmt er ihre Unbeherrschtheiten nicht nur hin, sondern lässt *„sich am Ende nicht selten herab, sie zu bitten, doch wieder gut zu sein."* (6, 22 ff.) Nach dem Dienst eilt er sogar *„mit leidenschaftlicher Hast"* nach Hause (6, 29 f.), ohne wie früher noch in seinem Streckenhaus mitten im Wald zu verweilen. Lene hat Macht über ihn gewonnen, er ist ihr sexuell verfallen, sogar hörig geworden. Thiel hält sein Begehren für Sünde und kämpft dagegen an, indem er sein Wärterhaus und die Bahnstrecke *„gleichsam für geheiligtes Land"* (7, 7) erklärt, wo er allein seiner verstorbenen Frau gedenken möchte.

> Thiel – ein Sonderling und durch sich selbst gefährdet

Lene weiß gar nicht, wo er seinen Dienst versieht, und auch nichts von seinem heimlichen Bemühen. Er ist ängstlich darauf bedacht, ihr den Ort nicht zu verraten, um *„die ihm zu Gebote stehende Zeit (...) gewissenhaft zwischen die Lebende und die Tote zu teilen."* (7, 16 ff.) Je mehr sich Thiel zurückzieht, desto intensiver wird seine Zwiesprache mit seiner verstorbenen Frau. Manchmal gerät er in eine solche *„Ekstase"*, dass er *„die Tote leibhaftig vor sich"* sieht. (8, 2 f.) An sein abgelegenes Wärterhäuschen kommen hin und wieder Streckenarbeiter, die sich an einem nahen Brunnen erfrischen, oder der Förster. Dann wechselt Thiel ein paar Worte mit ihnen. – Tobias bleibt ein schwaches Kind, wenngleich er nach zwei Jahren ein wenig sprechen und mit Mühe gehen gelernt hat. Seine Stiefmutter geht barsch mit ihm um. Als sie ein eigenes Kind zur Welt bringt, wendet sich für Thiels ersten Sohn alles zum Schlechteren. (9, 16) Er hat unter Lene sehr zu leiden. Die Nachbarn machen den Bahnwärter durch Worte und Zeichen auf die haltlosen Zustände aufmerksam, wollen sich aber nicht direkt einmischen. Thiel selbst schenkt ihnen keine Beachtung. (9, 29 ff.)

Eines Tages erfreut Thiel die wie immer übel gelaunte Lene mit der Nachricht, dass der Bahnmeister ihm ein Stück Land am Bahndamm ganz in der Nähe seines Wärterhäuschens kostenlos überlassen habe. Überglücklich teilt sie die frohe Kunde allen Koloniebewohnern mit. (11, 10 ff.) Unterdessen hilft der Bahnwärter Tobias beim Anziehen. Ihm entgehen dabei nicht die Schwellungen und Spuren von Schlägen auf dem Gesicht des Jungen, die von Lenes Hand herrühren. Nachdem er sich einige Zeit mit Tobias beschäftigt hat, legt er sich schlafen. Er wird von Lenes geräuschvoller Küchentätigkeit wach. Zusammen mit seinem Ältesten geht er an die Spree, wo er mit ihm und anderen Kindern herumalbert und Pfeile schnitzt. Man lächelt über ihn, aber verkennt nicht, dass er mit den Kindern gut auskommt. Thiel kümmert sich auch um die schulischen Dinge der Dorfjugend, dafür sind die Leute ihm im Grunde dankbar. (12, 28 ff.) Nach einer weiteren kurzen Ruhestunde bereitet sich Thiel auf einen neuen Diensttag vor. Neben einigen scheinbar belanglosen Kleinigkeiten (Kamm, Pferdezahn – 13, 9) steckt Thiel sein Notizbuch ein und das *„Sparkassenbuch des Tobias Thiel"* (13, 16 f.), das er nachts stets unter sein Kopfkissen legt. Sein Misstrauen gegen jeden, besonders gegen Lene, ist ausgeprägt. Er macht sich auf den Weg, nicht ohne argwöhnisch zurückzulauschen. Das Wetter behagt ihm ganz und gar nicht. (14, 10) Als er feststellt, dass er sein Butterbrot vergessen hat, kehrt er noch einmal um. Schon von weitem hört er Lenes lautes Schimpfen und Tobias' Wimmern. Beim Näherkommen werden ihre Worte, mit denen sie über den kleinen Tobias herfällt, deutlicher. (15, 7 ff.) Thiel bewahrt mühsam die Fassung und unterdrückt seinen aufkommenden Zorn, als Lene ihm grob vorhält, dass er sie belausche. (16, 29) Gänzlich verunsichert ist er, als er sich ihres aufreizenden Körpers bewusst wird:

> *„Ihre vollen, halbnackten Brüste blähten sich vor Erregung und*
> *drohten das Mieder zu sprengen, und ihre aufgerafften Röcke*
> *ließen die breiten Hüften noch breiter erscheinen. Eine Kraft*
> *schien von dem Weibe auszugehen, unbezwingbar, unentrinn-*
> *bar, der Thiel sich nicht gewachsen fühlte."* (17, 8–13)

Thiel nimmt das Brot und geht, ohne sich weiter um Tobias
und Lene zu kümmern.

In seinem Bahnwärterhäuschen angekommen, bereitet sich
Thiel auf seinen Streckendienst vor. Er löst den Hilfsbahn-
wärter ab, mit dem er sich den Posten teilt. Am Bahnübergang
erwartet er den Zug, der bald darauf am Horizont auftaucht
und Minuten später vorüber rast, in einer Wolke von *„Staub,*
Dampf und Qualm" (20, 18). Thiel begibt sich anschließend an
die Arbeit auf seinem kleinen Kartoffelacker. Er hat Freude
am Umgraben des Bodens, doch in
Gedanken ist er bei Minna, dann wie- **zwischen Minna und Lene**
der bei Lene. Als er nach getaner Arbeit in sein Bahnwärterhäuschen zurückkehrt, das er gegen jeden Eindringling, besonders gegen Lene, abschirmt, schläft er am Tisch ein. Er
erwacht durch fremde Geräusche und ist ganz benommen von
einem schweren Traum.(⇒ **2.4**) Draußen entwickelt sich ein
heftiger Gewittersturm, unter dem die *„Scheiben klirrten"* und
„die Erde erbebte" (23, 16). Thiel stürzt hinaus, mit seinen Gedanken noch bei den Bildern des Traumes. Den nächsten Zug
nimmt er nur als eine Vision wahr. Um die restliche Dienst-
zeit hinter sich zu bringen, geht Thiel die Strecke ab, wobei er
die Geleisschrauben mechanisch auf ihre Festigkeit prüft. Am
frühen Morgen wird er abgelöst. (26,
8) Den übernächsten Tag verbringt **Isolation und Verdüsterung**
Thiel mit seiner Familie in verhältnis- **des Gemüts**

mäßig gelöster Stimmung. Thiel durchstreift mit Tobias, den er gegen Lenes Widerstand mitgenommen hat, den Wald und zeigt ihm ein Stück der Strecke, für die er verantwortlich ist. Lene ist auf dem Kartoffelacker und schafft dort ein gutes Stück Arbeit. Fröhlich und guter Dinge gehen alle vier zum Essen in die Bude, und selbst Lene lacht jetzt gelegentlich über Tobias' fröhliche Ausgelassenheit, (31, 3 f.) – Am Nachmittag bleibt Tobias bei seiner Stiefmutter. Er soll seinen jüngeren Bruder beaufsichtigen, während Lene die Kartoffeln setzt. Thiel ist unterdessen auf seinen Posten zurückgekehrt und erwartet wie immer zu dieser Stunde den schlesischen Schnellzug, der bereits gemeldet ist. Doch unter grellen Notpfiffen, die Thiel aus einiger Entfernung wahrnimmt, bremst der Zug heftig ab. Im Vortreten erkennt der Bahnwärter sogleich, dass sich ein Unglück ereignet hat. Zwischen den Rädern des Zuges wird etwas *„wie ein Gummiball hin und her geworfen"* (32, 8 f.), noch ehe der Zug vollends zum Stillstand kommt. Aufgeregt gibt man ihm Zeichen. Als Thiel die Stelle erreicht, wo der Zug zum Stehen gekommen ist, erkennt er, was geschehen ist. Tobias ist verunglückt. Bei der Arbeit hat Lene das spielende Kind vergessen.

der tödliche Unfall

Unter dem Schock ist Thiels Gesicht *„blöd und tot"* (32, 34). Der Bahnwärter wickelt seinen schwer verletzten Jungen in die rote Signalflagge, während der Packmeister eiligst Vorkehrungen trifft, um den Verunglückten schonend mit dem Zug abtransportieren zu lassen. (33, 21 ff.) Aber Thiel lässt den Jungen nicht los. Augenblicke später setzt der Zug seine Fahrt ohne den verunglückten Jungen fort; an Ort und Stelle kann für Tobias nichts getan werden. Lene ist wie von Sinnen. Der Bahnwärter nimmt sie gar nicht wahr. Auf einer Bahre kann der Junge endlich in den Zug geschafft werden. Thiel geht ein paar Schritte mit, dann kehrt er der

Szene abrupt den Rücken und eilt in sein Streckenhäuschen. Das Geschehene rollt vor seinen Augen noch einmal ab. Ein Personenzug wird gemeldet. Nur unter großen Mühen ist Thiel fähig, die notwendigen Handgriffe zu tun, um die Durchfahrt zu sichern. Dann verliert er die Besinnung. (35, 6 ff.) Er erwacht neben der Bahnstrecke liegend.

Quälend vergehen die nächsten Stunden, in denen er sich ausmalt, was mit Tobias geworden sein könnte. Er ahnt, dass es für den Jungen keine Rettung gibt. (33, 34) Außer sich vor Schmerz verlässt er sein Wärterhäuschen und rennt blindlings davon. Als sei er bereits in einer anderen Welt, offenbart er Minna, dass Lene dafür bezahlen werde: *„Und da ... ja mit dem Beil – Küchenbeil, ja – schwarzes Blut"* (37, 8 f.). Thiel hat Angst vor seinen eigenen Gefühlen und bemüht sich, die Gedanken zu ordnen und wieder zur Ruhe zu kommen. Es gelingt ihm nicht. Aus dem nahen Birkenwald hört er Kindergeschrei. Er erkennt sein Jüngstes, um das sich niemand gekümmert hat und das nun zu schreien anfängt. In einem Ausbruch von Hass würgt er es beinahe zu Tode. (38, 23 ff.) Rechtzeitig lässt Thiel ab von ihm. – Mit dem leeren Kieszug bringen die mitfahrenden Streckenarbeiter jetzt den toten Tobias. Thiel ist wie versteinert. Erneut verliert er das Bewusstsein, und so entschließen sich die Männer, ihn anstelle des kleinen Tobias auf einer Bahre nach Hause zu bringen. Lene begleitet den Zug. Thiels Zustand ist kritisch. Er hat Fieber und er fantasiert. Lene pflegt ihn *„mit Eifer und Umsicht"* (41, 31 f.).

> Verstörung und Rache; Thiels endgültige geistige Umnachtung

Tatsächlich tritt Besserung ein. Mit Thiels Frau vollzieht sich auch ein Wandel. Das Geschehene hat sie verändert. (42, 9 f.) Sie gönnt sich selbst nur wenig Zeit für Ruhepausen und ist nur für ihren Mann da.

Nach einigen Stunden kommen die Streckenarbeiter mit Tobias Leichnam an Thiels Häuschen an. Es ist dunkel. Sie finden die Haustür offen und erhalten keine Antwort, als sie nach ihm und Lene rufen. Im Lichtschein eines Streichholzes entdecken sie, dass sich Fürchterliches zugetragen hat. Lene liegt mit zerschmettertem Schädel und das Kleinste mit durchschnittener Kehle in ihrem Blut. (42, 30 bis 43, 3) Thiel ist verschwunden. Am folgenden Morgen erst findet man ihn auf den Geleisen genau dort, wo Tobias unter den Zug geraten war. Er ist vollkommen geistesabwesend. Nur mit Gewalt kann der Bahnwärter von mehreren Männern von der Bahnstrecke gebracht werden. Man bringt ihn in die Irrenanstalt der Berliner Charité. (43, 25 f.)

2.3   Aufbau

Die Novelle zeigt einen ,dreiaktigen' dramatischen Aufbau mit Exposition (Personeneinführung und Konfliktsituierung), mehrfacher Steigerung der Konflikte (äußere und innere) und Absturz des Geschehens in die Katastrophe.

Im *1. Hauptteil* der Novelle erhält der Leser einen knappen Aufriss der Lebensumstände Thiels (S. 3–9): Fol-

> dreiteiliger („dreiaktiger") Aufbau

gen der Verletzung; Tod Minnas; erkennbare Probleme in Thiels zweiter Ehe; kultähnliche Handlungsweisen und Einsamkeit Thiels. Zumindest eine latente Bedrohung der ruhigen und gesicherten Existenz des Bahnwärters wird spürbar. Trotz seiner Zugehörigkeit zu einer intakten dörflichen Lebensgemeinschaft trägt er alle Züge eines Außenseiters.

Der *2. Hauptteil* (S. 10–17) bereitet in einer zunächst nur allmählich anziehenden Spannungskurve die Katastrophe vor: Die Abhängigkeit Thiels von Lene wird detailliert herausgestellt. Der Bahnwärter zieht sich nahezu ganz in seine Welt zurück, gerät aber immer wieder mit seinen Gefühlen in Widerstreit. Seinen dunklen Lusttrieben und Lenes strengem „Regiment" gegenüber Tobias hat er letztlich nichts entgegenzusetzen. Aus diesen Unvereinbarkeiten baut sich der „Durchbruch der Verzweiflung und der Zusammenbruch eines in seiner innersten Existenz zerstörten Menschen"[30] zwangsläufig auf. Vorübergehend scheinen sich die Momente der Bedrohung zu verflüchtigen, scheint sich die Stimmung aufzuhellen (Geschenk des Ackers). Doch mit diesem Ritardando bereitet

---

30   Fritz Martini, Nachwort zu *Bahnwärter Thiel*, S. 50

Hauptmann die Katastrophe, die er gar nicht aufhalten will und seinem Weltbild folgend gar nicht aufhalten kann, lediglich auf subtile Weise vor. In der Folge werden nun bereits „Einzelzüge Träger des Sinnhaften und durchlässig für ein hinter den greifbaren Dingen wesendes Unbegreifliches."[31]

In zwei gewaltbegleiteten Auftürmungen wird im *3. Hauptteil* (17–43) die Katastrophe erreicht: Thiels Wesen nimmt immer eindeutigere krankhafte Züge an. Seine Grübeleien und Monologe werden eindringlicher und beängstigend krankhaft. Es wird spürbar, dass sich etwas Ungeheures anbahnt. Parallel dazu antizipieren die vorbeidonnernden Züge jene Gewalt und Vernichtung, die mit dem tödlichen Unfall (Tobias) und dem Mord an Lene und dem Säugling vollendet wird. Mit der auseinander brechenden Welt bricht auch Thiels Psyche völlig in sich zusammen. Eine aus den Fugen geratene Natur mit ins Surrealistische gesteigerten Farbeindrücken von „rot" begleitet die sich anbahnende Doppel-Katastrophe. In einer Überfülle gleißenden Lichts lösen sich schließlich die Farbkonzentrationen auf. (⇒ **2.6**) Danach tritt wieder ‚Normalität' ein. Dennoch ist nichts, wie es einmal war. – In diesem Abschnitt wird die die Zwanghaftigkeit des Geschehens und Thiels Disposition zum Leiden und Untergang endgültig freigelegt. Es ist dem Leser klar, dass es von Beginn an für Thiel keine Rettung gegeben hat.

---

31 Volker Neuhaus, S. 41

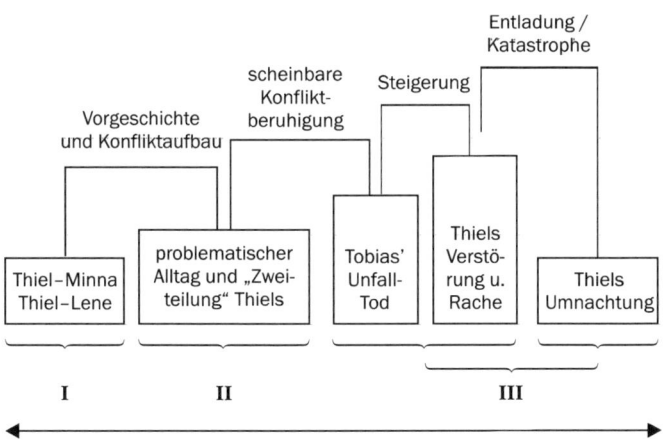

Skizze: Aufbau

2.4 Personenkonstellation und Charakteristiken

Die Novelle wird von nur wenigen Akteuren bevölkert. Diese Begrenztheit ist typisch für die Gattung. Alle Beschreibungs- und Reflexionsmomente sind auf die **Hauptfigur des Bahn-wärters** projiziert. Dennoch gibt die Novelle eine Einteilung der Personen in unterschiedliche Gruppen her: Kolonisten-familien und Pfarrer als wichtige Nebenfiguren, Minna, Lene und Tobias als Hauptfiguren. Thiel, als die titelgebende Zentralgestalt, steht zwischen allen. Minna, obwohl verstorben, ist in Thiels Leben höchst lebendig, ohne dass er sie real je wieder erreichen kann. Zu ihr bildet Lene einen deutlichen Widerpart, „eine naturalistische Version der femme fatale".[32] Im kleinen Tobias lebt ein Stückchen glückli-cher, wenn auch nicht unbelasteter Vergangenheit weiter; er stellt aber auch eine Art Brücke zur Jenseitigkeit dar. Alle Personen sind durch einen „Kreislauf der Unentrinnbarkeiten" untrennbar aneinander gebunden. (s. Skizze S. 46).

> mehrere Personengruppen; Thiel = dominante Hauptfigur

Minna hat es an der Seite Thiels nicht leicht gehabt, den-noch ist sie ihm bis zu ihrem Tode in *„vergeistigte(r) Liebe"* verbunden. Als sie stirbt, lässt sie ihren Mann mit einer schweren Aufgabe zurück. Ihr letzter Gedanke gilt ihrem Neu-geborenen. Von Thiel erhält sie in der Todesstunde das Ver-sprechen, dass er sich des Jungen ernsthaft annehmen werde. Sie gibt ihm in den von ihm gesuchten Zwiegesprächen, die er in seiner qualvollen inneren Anspannung und Isolation mehr und mehr sucht, durch „spirituellen Zuspruch"[33] lange Zeit

---

32 Peter Sprengel, S. 191
33 Friedhelm Marx, *Gerhart Hauptmann*, S. 270

die nötige Kraft und den Halt im Alltag. Auf der anderen Seite
verstärkt ihre ‚Präsenz' Thiels innere Zerrissenheit.

Äußerlich passt **Lene** viel besser zu dem hölzernen und
schwerfälligen Thiel. Doch sie ist einfältig und gefühlsarm
und droht mit ihrer Grobschlächtigkeit den bei aller
Tölpelhaftigkeit sensiblen Mann zu erdrücken. Sie ist ordinär,
hemmungslos streitsüchtig und tyrannisch. Man entdeckt
schwerlich etwas Liebenswertes an ihr. Dumpf scheint in ihr
eine Vorahnung von der sich anbahnenden Katastrophe aufzu-
kommen, die über sie selbst herniederbrechen wird, als der
leblose Tobias vom Wagen heruntergehoben wird.

Tobias, ein Spätentwickler, der erst gegen Ende seines zweiten Lebensjahres notdürftig sprechen gelernt hat, steht zwischen seiner Mutter und der Stiefmutter. In dem Maße, wie er
nach dem Tod der Mutter die Liebe und Nähe seines Vaters
sucht, der ihn innig liebt, nimmt die Abneigung der Stiefmutter zu. Als der Zug ihn mitreißt und überrollt, seinen Lebens-
faden durchschneidet, ist es bis zur gewaltsamen Auflösung
der ganzen Familie nur noch ein kurzer Weg.

Der Bahnwärter **Thiel** ist hin- und hergerissen zwischen der
Frau, die er liebt, und der anderen, der er sexuell verfallen ist.
Er ist kein „Held" im eigentlichen Sinne.[34] Wir erleben ihn als
eine schwerblütige Natur, dabei karg wie die Landschaft, „die
durch die düstere Kraft, Anmut und Melancholie des Groß-
berliner Wälder- und Seengürtels geprägt ist, die Hauptmann
in den Bildern seines Freundes Leistikow bewunderte"[35], aber

---

34 Wolfgang Leppmann, *Gerhart Hauptmann*, S. 111
35 Ulrich Lauterbach, *Nachwort zum erzählerischen Werk*, S. 447. – Der Maler Walter Leistikow
    (1865–1908) entwarf Szenen- bzw. Bühnenbilder zu einer ganzen Reihe von Hauptmanns
    Schauspielen, u. a. zu *Die Weber* und *Florian Geyer*.

von weichem Gemüt und mit einem ausgeprägten Harmonie-
bedürfnis begabt. Er wird von dunklen und übermächtigen
Trieben beherrscht, die er nicht kontrollieren kann und denen
er erliegt:

> *„Die Züge (...) erscheinen als Dämonen, Chiffren eines Unfass-*
> *lichen, das sich aller Regulierung und Berechnung zum Trotz*
> *nicht beherrschen lässt (...) Die Kräfte der Innerlichkeit in*
> *Thiel, die sich in der mystischen Kommunikation mit seiner*
> *ersten Frau kundgaben, sind dem elementar Dämonischen erle-*
> *gen.“*[36]

Eigentlich ist Thiel kraftstrotzend und gesund. Niemand ahnt
etwas von seinem Weg nach innen, von seiner zweiten Existenz, die er in vollkommener Zurückgenommenheit in seinem
Bahnwärterhäuschen entfaltet. Wenn er ganz bei sich ist, emp-
findet er Ekel vor seinem Zustand und seiner Ohnmacht, die
ihn daran hindert, sich gegen Lene aufzubäumen. Thiels Weg
in die Einsamkeit und innere Emigration endet schlagartig.
Wie ein Orkan brechen die Wut über erlittene Erniedrigungen
und die Erschütterung über den Tod des geliebten Jungen aus
ihm heraus. Aber es scheint nicht er zu sein, der handelt. Es
ist wie ein Gericht Gottes, das in der Stunde der Wahrheit
über Lene und den Säugling niedergeht. Den gequälten,
schutzbedürftigen Jungen hat es von einem unglücklichen
Schicksal erlöst; den anderen, den Unschuldig-Schuldigen, zu-
rückversetzt in einen Zustand absoluter Schuld- enthobenheit.
Um alle und alles schließt sich der Kreis in den „heilenden,
verklärenden Gewalten"[37] der Natur, als die Sonne an der
Bahnstrecke untergeht im Gleichmaß des „Stirb" und „Werde", das alle Gegensätze versöhnt.

---

36 Karl S. Guthke, *Weltbild*, S. 64 ff.
37 Karl S. Guthke, *Weltbild*, S. 66

Die Verwandtschaft der Novelle mit Büchners *Woyzeck* und *Lenz*, auf die mehrfach hingewiesen worden ist, soll an dieser Stelle genauer erläutert wer-

> ein psychopathologischer Fall; Ähnlichkeiten mit Georg Büchners *Lenz* und *Woyzeck*

den. Als einer der ersten hat P. Landau auf Büchners Bedeutung für das Schaffen des jungen Hauptmann bereits 1909 hingewiesen.[38] Die Naturalisten, und abseits ihrer Programmatik eben Gerhart Hauptmann, haben bei Büchner „Präfigurationen des unheroischen, passiven Menschen"[39] entdeckt, dessen Leid universal ist. Mit dem *Lenz* verbindet Hauptmanns Novelle die „nahezu kongruente Entwicklung des psychopathologischen Symptomenkomplexes"[40] der beiden im Wahnsinn endenden Titelgestalten. Sie vollzieht sich in drei Schritten:

- Verdrängung von Schuldgefühlen (Minna – Lene/Lene – Minna);
- Orientierungsnot durch ekstatische Wunschvorstellungen mit zunehmendem Realitätsverlust;
- Verfolgungswahn und psychisch-physischer Zusammenbruch mit gewalttätiger Kurzschlusshandlung

Ähnlich wie Büchner bezieht Hauptmann die Natur in die Seelenzustände seines Helden ein. Während im *Lenz* die Natur jedoch als „optische, akustische und statisch-dynamische Antithesen"[41] des Seelenzustandes des an seiner Krankheit bereits Leidenden abgebildet wird, parallelisiert Hauptmann die vitalen Naturbewegungen und die Gewalt der technischen Welt (Eisenbahn). Dadurch entsteht eine Kongruenz von Natur und Technik, unter deren Eindruck sich Thiels Psyche

---

38 Vgl. Paul Landau: *Gesammelte Schriften* in Wolfgang Martens (Hg.), *Georg Büchner*, S. 16–81
39 Dietmar Goltschnigg, *Rezeptions- und Wirkungsgeschichte*, S. 155
40 Reiner Poppe, S. 50
41 Dietmar Goltschnigg, S. 157

verändert: „Natur und Technik entfremden sich zum Pandä-
monium des im Chaos zusammenstürzenden Ichs."[42]

Noch augenfälliger scheinen die Übereinstimmungen mit
dem *Woyzeck* zu sein. In der Detailbetrachtung werden die
Unterschiede jedoch sehr deutlich: Woyzeck ist eine unter-
drückte Randfigur der Unterschicht in einer ihn umgebenden
‚besseren' Gesellschaft (Offiziere). Er hat seinen Knacks schon
weg, noch ehe ihn die Umstände zum Äußersten treiben.
Thiel, obwohl auch aus dem „proletarischen Kleinbürger-
milieu"[43], wirkt anfangs normal, wenngleich auch er unter
den ihn mit Macht bedrängenden Sachzwängen relativ rasch
an seinen letzte Grenze gerät. Ähnlich sind sich beide in ihrer

*„Kontaktarmut und Sprachlosigkeit, Passivität und seelische(n)
Vereinsamung, Gleichförmigkeit und Stupidität der beruflichen
Tätigkeit und (in der) durch sie geförderte(n) soziale(n) Isolie-
rung."*[44]

Gleichermaßen sind Woyzeck und Thiel auch Opfer ihrer
triebhaften Naturen (Marie/Lene). In rasendem Zorn töten sie
diejenigen, die ihnen das meiste Leid zugefügt haben. In beiden Fällen herrschen jedoch entgegengesetzte Motive vor:
Woyzeck ersticht Marie, den einzigen Menschen, den er wirklich liebt, aus Eifersucht und unter dem Suggestiveinfluss von
‚Stimmen'. Thiel erschlägt Lene aus Abscheu und Ekel, aus
Hass und Schmerz über Erlittenes. Dabei entledigt er sich der
„ungeheuren eisernen Netzmasche(n)" (19, 13), die sich dichter
und dichter um ihn gelegt haben.[45] Es erscheint uns berechtigt
anzumerken, dass im *Thiel* das Psychologische stärker in den

---

42 Dieter Borchmeyer, *Hellsicht des Schmerzes*, S. 189
43 Franz-Josef Payrhuber, *Gerhart Hauptmann*, S. 87
44 Franz-Josef Payrhuber, S. 87
45 Peter Sprengel, S. 191

Vordergrund tritt als das Soziale. Im Woyzeck verhält es sich umgekehrt.

Wenn auch die übrigen Menschen in Thiels Umgebung – Kolonisten, Bahnpersonal, Pfarrer – von Hauptmann weniger profiliert werden, so sind sie keineswegs eine amorphe Masse. Sie leben ihr einfaches und anspruchsloses Dasein, in dem alles seine Ordnung hat. Auf sie weist der **Pfarrer** hin, dem Thiels zweite Ehe zu rasch auf die kaum und so unglücklich beendete erste folgt. Er ist dem Pfarrer Kittelhaus aus dem um 1888 begonnenen Drama *Die Weber* (1893 von den Behörden für öffentliche Aufführungen freigegeben) sehr ähnlich, ein Mann, der auf die Bedürfnisse der ihm anvertrauten Menschen kaum richtig eingeht. Anstelle von Trost und Anteilnahme hört Thiel aus seinem Munde wenig mehr als überflüssige Bedenken. Doch er setzt sich gelassen und bestimmt über die Einwände des Kirchenmannes hinweg.

Zu den **Koloniebewohnern** hat Thiel ein ambivalentes Verhältnis. Mit den Kindern versteht er sich gut, mit den Erwachsenen weniger. Die Kinder mögen ihn, vielleicht weil sie spüren, dass er, wie Hilscher etwas missverständlich schreibt, auf einer „ähnlich primitiven Geistesstufe" steht.[46]

---

46 Eberhard Hilscher, *Gerhart Hauptmann*, S. 99. – Hilscher will mit dieser Formulierung den Entwicklungsstand der Kinder nicht negativ kennzeichnen. Vielmehr will er sagen, dass Thiel und die Kinder sich problemloser miteinander verständigen können, weil auf Seiten der Kleinen gewöhnlich keine Vorbehalte gegenüber ‚Sonderlingen' bestehen und sie eher zu tolerantem Umgang mit ihnen neigen.

„Kreislauf der Unentrinnbarkeiten"

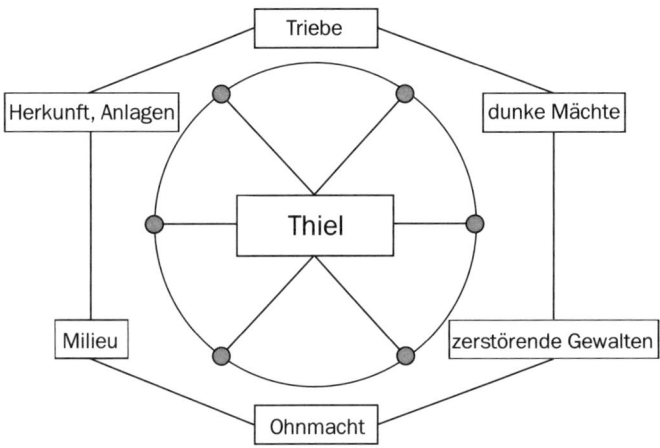

Im zentralen Interpretationsabschnitt kommen wir noch einmal auf einzelne der hier ausgeführten Aspekte zurück (⇒ **2.7**)

2.5 Sachliche und sprachliche Erläuterungen

Abgesehen von der komplexen Symbolsprache ist die Novelle leicht verständlich, auch wenn Hauptmann noch Wörter verwendet, die heute aus unserem Sprachgebrauch verschwunden sind. Vieles erklärt sich aus dem Kontext selbst, so dass nur wenige Begriffe erläutert werden müssen.

Bahnwärter (S. 3): sozial gering angesehener Beruf; Kurzausbildung (selten länger als sechs Monate); der geringe Lohn stand in krassem Gegensatz zu der hohen Verantwortung, die mit den auszuübenden Tätigkeiten verknüpft waren.

Neu-Zittau (S. 3): kleiner Ort bei Erkner; Thiel ist Bahnwärter an einem Abschnitt der Niederschlesisch-Märkischen Eisenbahnlinie Berlin-Frankfurt/Oder.

Tender (S. 3): Teil der Lokomotive für die Kohle

herkulisch (S. 3): großwüchsige, breite und schwere Gestalt (nach dem Namen des griech. Halbgottes Herakles (Herkules))

kirre (S. 5): mittelhochdeutsch: kürre = zahm, sanft

durchgewalkt (S. 5): durchgeprügelt; übernommen aus der Handwerkersprache (walken = kräftiges Wenden, Drehen und Pressen von Geweben/Stoffen in noch feuchtem Zustand)

Phlegma (S. 6): behäbiges, gleichgültig erscheinendes Temperament eines Menschen

Manen (S. 7): Seele von Toten; hier: die von Thiels erster Frau Minna

Streckenrevision (S. 8): Streckenkontrolle; Thiel führte sie gewissenhaft aus; Revisionen hatten dreimal täglich stattzufinden.

lamentieren (S. 10): lat. Ursprung = etwas weinend beklagen, laut jammern

Bahnmeister (S. 10 f.): nächsthöhere Dienststufe; ein Bahnmeister ist ein direkter Vorgesetzter eines Bahnwärters.

Fitschepfeile (S. 12): umgangssprachlich für Rohrpfeile

Läppschereien (S. 12): regional-umgangssprachlich für läppisch = dümmlich

Pferdezahn (S. 13): zur Abwehr von Unheil und bösen Geistern; unterstreicht Thiels Aberglauben

Kossätenhof (S. 14): kleiner Hof eines abhängigen Bediensteten (Kate); durch seine Tätigkeit erwarb ein Kossäte Wohn- und Ackernutzungsrechte.

Plautze (S. 15): von Hauptmann gern verwendetes Wort; hier: die Lunge rausschreien

Akkorde (S. 19): Zusammenklang mehrerer Töne (hier: „Klingen der Telefondrähte")

Fez (S. 33): Kopfbedeckung aus dem arabischen Kulturraum; im 19. Jahrhundert wurde er auch in Deutschland im Hause getragen.

Coupés (S. 33): französ. Ursprung = Zugabteil

Friedrichshagen (S. 34): ehemaliger Berliner Vorort am Großen Müggel-See; für Gerhart Hauptmann wichtig geworden durch seine Anbindung an die dortige Literatenvereinigung (⇒ 1.1; 2.1).

Loren (S. 39): offene Güterwaggons der Eisenbahn; auch Kohleloren im Bergbau

Ampel (S. 41): hoch aufgehängte Beleuchtung; ehedem eine poetische Umschreibung für eine fein gearbeitete Deckenlampe

Block (S. 43): bei dem damals noch weitgehend einstreckig geführten Zugverkehr war es wichtig, dass sich immer nur ein Zug auf einem bestimmten Streckenabschnitt befand; Bahnwärter hatten dafür zu sorgen, indem sie die Strecke für andere „blockierten“, d. h. durch Signale sperrten. Die Abschnitte waren durch Blockstationen kenntlich gemacht.

requirierte (S. 43): hier: der herbeigerufene Gendarm

Charité (S. 43): durch die Tätigkeit und Forschung berühmter Ärzte (u. a. Rudolf Virchow, 1821–1902) bekannt gewordene Klinik in Berlin; charité, frz. = Wohltätigkeit

2.6 Stil und Sprache

Gerhart Hauptmann war ein geborener Erzähler. Schon als Kind träumte er sich erzählend aus der Wirklichkeit. Nicht anders verhielt er sich in seiner Jugend, als er die Kinder auf dem Gutshof seines Onkels, bei dem er sich als Landwirtschaftslehrling versuchte, mit erfundenen und nacherzählten Geschichten fesselte. Auf der Schiffspassage nach Italien an Bord der ‚Livorno' stand er im Mittelpunkt, wann immer er vor den Mitpassagieren erzählend seiner Fantasie freien Lauf ließ.[47] Aus Hauptmanns erzählerischem Werk, so umfangreich es auch ist, hat sich außer dem *Bahnwärter Thiel* als Schul- und Studienlektüre kaum etwas durchgesetzt. Eine Begründung findet diese Tatsache darin, dass die spätere Hauptmann-Prosa stark mythisiert ist. Zu ihr finden namentlich jüngere Leser keinen Zugang. Auch die persönliches Erleben nachgestaltenden Werke (*Das Abenteuer meiner Jugend, Buch der Leidenschaft, Griechischer Frühling*) sind zu subjektiv und ohne Interessengehalt für denjenigen, der sich nicht intensiver mit Hauptmanns Leben und Werk beschäftigt. In diesem Begründungszusammenhang darf auch nicht übersehen werden, dass einzelne Bühnenstücke (*Vor Sonnenaufgang, Die Weber, Der Biberpelz, Und Pippa tanzt, Michael Kramer, Die Ratten*) bekannter sind als die besten Beispiele seines erzählerischen Werkes. Dass sich der *Thiel* daneben dennoch behaupten konnte und kann, bezeugt nachdrücklich seinen Rang als erzählerisches Kunstwerk und die zeitlose Gültigkeit seiner Aussage.

---

47 G. H. ging auf seiner ersten ausgedehnten Italien-Reise am 7. April 1883 in Hamburg an Bord des Frachtdampfers „Livorno". Die Reise führte ihn über Spanien nach Neapel und von dort nach Rom.

Bahnwärter Thiel trägt den Untertitel „Novellistische Studie". Damit unterstreicht Hauptmann einen auf Objektivität zielenden Ansatz des Erzählens, mit dem er sich zu Sparsamkeit und Dichte der sprachlichen Mittel verpflichtet. Das bedeutet zugleich den Verzicht auf subjektive Kommentare und Wertungen. Es gelingt ihm beides durchzuhalten. Die Mitteilungen, die Hauptmann zu Thiels Lebenswelt und zu den Ereignissen macht, sind knapp, lapidar und präzise. Nüchterner Berichtstil herrscht vor: *„Allsonntäglich saß der Bahnwärter Thiel in der Kirche zu Neu-Zittau"* (3, 1 f.). So sachlich wie der Beginn ist auch der Schluss der Novelle: *„Man musste ihm Hände und Füße binden, und der inzwischen requirierte Gendarm überwachte seinen Transport."* (43, 22 ff.) Auf den 43 Seiten der Erzählung macht Hauptmann eine Fülle genauer Detailangaben zu Orten, Situationen und zum menschlichen Geschehen, die dem Leser jederzeit eine zuverlässige Orientierung ermöglichen. – Dialoge werden äußerst zurückhaltend eingebracht. Wo sie vorkommen, enthalten sie kaum Mundartliches. Das ist umso erstaunlicher, als die Naturalisten auf dieses Mittel der Wirklichkeitsabbildung nirgends verzichteten und Hauptmann selbst den Dialekt in seinen sozialen Dramen zu einem seiner wirkungsvollstes Instrumente machte. Im *Thiel* bleibt der Dialog zumeist nur skizzenhaft angedeutet (4, 16, 21, 28 f., 33, 36 f., 42).

(Randnotiz:) sachliche Orientierung des Lesers

Über diese reduziert dargestellte ‚Untergrundfolie' legt Hauptmann, um es im Bilde auszudrücken, zwei „overlay-Folien": eine, die das technische Geschehen erfasst (Eisenbahnstrecke, Züge), und eine zweite, mit der er das Naturgeschehen abbildet. Während Thiels Streckendienst als ruhige Routinearbeit dargestellt wird, tragen die Bahnlinie und die passierenden Züge in Hauptmanns Schilderungen alle Merkmale des Bedrohlichen und Außerwirklichen. Die Katastrophe wird dadurch zunächst nur angedeutet, dann in ihrer Unausweichlichkeit zunehmend deutlicher gemacht. Benno von Wiese hat die Eisenbahnlinie als das „zentrale Dingsymbol" dieser Novelle charakterisiert.[48] Etwa in der Mitte der Novelle beschreibt Hauptmann sie in ihrer zeichenhaften Bedeutung ausführlich:

die Bahnstrecke – das „zentrale Dingsymbol"

> „Die Strecke schnitt rechts und links gradlinig in den unabsehbaren grünen Forst hinein; zu ihren beiden Seiten stauten die Nadelmassen gleichsam zurück, zwischen sich eine Gasse frei lassend, die der rötlichbraune, kiesbestreute Bahndamm ausfüllte. Die schwarzen, parallel laufenden Geleise darauf glichen in ihrer Gesamtheit einer ungeheuren eisernen Netzmasche, deren schmale Strähne sich im äußersten Süden und Norden in einem Punkte des Horizontes zusammenzogen." (19, 7 ff.)

Auf dieser Strecke rasen die Züge zwischen Berlin und Breslau hin und her. Hauptmann zeigt in eindringlicher Sprache ihre ungeheuer bedrohliche Masse und Kraft auf. Eindrucksvoll steigert er ihr Auftauchen bis zu dem Unglücksfall: *„Ein rasendes Tosen und Toben erfüllte den Raum."* (20, 15 f.) – Unwirkliche Ruhe kehrt ein, nachdem der Zug Tobias mitgerissen hat:

> „Es ist still ringsum geworden, totenstill; schwarz und heiß ruhen die Geleise auf dem blendenden Kies. Der Mittag hat die Winde erstickt, und regungslos, wie aus Stein, steht der Forst." (34, 18 ff.) –

---

48 Benno von Wiese, zitiert in Sigfrid Hoefert, *Gerhart Hauptmann*, S. 9

Die zweite „over-lay-Folie", das geschilderte Naturgeschehen, bildet die vollkommene Entsprechung zu den beiden Geschehenssegmenten ‚Mensch' und ‚Technik' in dieser Novelle. „Mittels spiegelnder und verweisender Symbolbilder", führt F. Martini aus, wird eine „einheitliche Durchbildung" erreicht, in der die drei Geschehenszusammenhänge Mensch, Technik und Natur nicht voneinander zu trennen sind.[49] Auch in den Naturschilderungen wird die Katastrophe (zunächst kaum merklich) vorbereitet. Die vielen antizipierenden Verweise werden jedoch vom Ende der Novelle her in ihren Abstufungen und Einbindungen in die psychologische Situation Thiels zwingend eingängig. Das heraufziehende Unheil macht sich stimmungsmäßig mehrfach deutlich: *„Ein bläulicher, durchsichtiger, mit allerhand Düften geschwängerter Dunst stieg aus der Erde"* (14, 1 f.) heißt es, als Thiel den Wald betritt, ehe er noch einmal umkehrt, um sein vergessenes Frühstücksbrot zu holen und dabei Zeuge wird, wie Lene Tobias misshandelt. – Thiels innere Erregung, korrespondierend mit den Geräuschen des herannahenden Zuges, spiegelt sich in dem kurzen Abschnitt wider, der seiner ‚Erkenntnis' und inneren Selbstkorrektur vorausgeht:

„Die Sonne (…), goss Ströme von Purpur über den Forst. Die Säulenarkaden der Kiefernstämme jenseits des Dammes entzündeten sich gleichsam von innen heraus und glühten wie Eisen." (19, 24 ff.)

Eine aufgestörte Natur geht mit Thiels Beklemmungen und qualvollen Vorstellungen einher, deren Eindringlichkeit wächst, je weiter die Novelle voranschreitet. In einem Gewittersturm fallen Thiels Stimmung, das Tosen des sich nähernden Zuges und eine entfesselte Natur in einem wuchtigen Bild zusammen:

---

49 Fritz Martini, Nachwort zu *Bahnwärter Thiel*, S. 49

> *„In diesem Augenblick erwachte der Donner am fernsten Saume des märkischen Nachthimmels. Erst dumpf und verhalten grollend, wälzte er sich näher in kurzen brandenden Erzwellen, bis er, zu Riesenstößen anwachsend, sich endlich, die ganze Atmosphäre überflutend, dröhnend, schüttelnd und brausend entlud."*
> (23, 9 ff.)

Zu einer Kulmination führt Hauptmann sprachlich die düsteren Träume, Visionen und den aufgewühlten Seelenzustand Thiels im vorweggenommenen Bild der Katastrophe (24, 4 ff.), dem er unmittelbar ein anderes, vollkommen entgegengesetztes nachstellt (26, 10 ff.).

Ein Traum Thiels bereitet den Leser auf den Tod Tobias' vor. Er sieht seinen Sohn *„von jemand misshandelt und zwar auf eine so entsetzliche Weise, dass ihm noch jetzt bei dem Gedanken daran das Herz stille stand."* (24, 5 f.) Sehr klar steht in diesem Traum seine verstorbene Frau vor ihm. Ihr Aussehen erschreckt ihn. Sie trägt etwas *„Schlaffes, Blutiges, Bleiches"* (24, 25) mit sich und befindet sich offenbar auf der Flucht vor etwas. In diesem überdeutlichen Traum antizipiert Hauptmann Kommendes mit düsteren Attributierungen, die in dem *„Ausdruck tiefsten Schmerzes, unfassbarer Qual"* (24, 30 f.) in Minnas Augen gipfeln. Durch sein eigenes erschrecktes Rufen wacht Thiel auf. Diesen Alptraum steigert Hauptmann durch weitere Akzentuierungen von Signalbildern antizipierter Gewalt und des Todes:

> *„Zwei rote, runde Lichter durchdrangen wie Glotzaugen eines riesigen Ungetüms die Dunkelheit. Ein blutiger Schein ging vor ihnen her, der die Regentropfen in seinem Bereich in Blutstropfen verwandelte. Es war, als fiele Blutregen vom Himmel."*
> (25, 6 ff.)

Die vierfache Steigerung (rot, blutiger Schein, Blutstropfen, Blutregen) wird nur noch durch die Schilderung des Ereignisses selbst eingeholt, in denen sich die Farben braun, blau, schwarz und rot miteinander zu einem endgültigen Bild des sich auflösenden Lebens verbinden. (33, 11 ff.)

Beim Übergang von der Alptraumszene zum Durchbruch der elementaren Kräfte im Doppelschlag der Vernichtung, der die ganze Familie auslöscht, handelt es sich um einen direkten Brückenschlag. Unübersehbar wirken hier die Andeutungen aus dem zuvor beschriebenen Abschnitt fort. Die Sonne ist ein *„blutroter Edelstein"* (26, 14); von *„Strahlenbündeln"* ist die Rede, die in *„scharfen Linien (...) durch das Gewirr der Stämme"* schossen (26, 16 f.), von mit *„Glut behauchten"* Farnkrautspitzen (26, 19), von *„Feuertau"* (26, 20 f.), schließlich von einer *„Sintflut von Licht"* (26, 22). „Außen und innen", schreibt W. Zimmermann, „Anschauung und Gesicht des Traumes, sind indessen nicht nur durch das Motiv des Blutes miteinander verknüpft, sie gehen auch unmittelbar ineinander über."[50] In dieser letzten Metapher führt Hauptmann das Bild des *„Blutregens"* in eine beinahe kosmisch erweiterte Dimension.

Der Unfall selbst wird knapp in einer Art modernen Sekundenstils[51] geschildert. In dem hochdramatischen Geschehen tauchen jetzt wiederholt Redefragmente auf. (32, 24 ff.) „Die alltägliche Geschichte wird zu Zeichen transformiert", lesen wir bei F. Martini, „aus denen (...) Mythisch-Schicksalhaftes spricht." [52]

---

50 Wolfgang Zimmermann, *Deutsche Prosadichtungen*, S. 80
51 „Sekundenstil": detailgenaue Beschreibungstechnik des Naturalismus in sehr knappen, harten und manchmal nur angedeuteten Sätzen.
52 Fritz Martini,Nachwort zu *Bahnwärter Thiel*, S. 54

In seinem letzten Zwiegespräch mit Minna ist Thiel schon nicht mehr Herr seiner Sinne. Das „Es", die Übermacht des Unbewussten, hat längst Gewalt über ihn. Auf dem Weg zum zweiten dramatischen Höhepunkt der Novelle verdichtet Hauptmann sprachlich noch einmal das Atmosphärische. Todes- und Verwesungsfarben mit Eiseskälte dominieren jetzt:

> *„Die Stämme der Kiefern streckten sich wie bleiches Gebein zwischen die Wipfel hinein, die wie grauschwarze Moderschichten auf ihnen lasteten."* (37, 25 ff.)

Im Schlussabschnitt wird Hauptmanns Sprache erneut knapp und lakonisch. Die Vorgänge werden in kurzen Sätzen wiedergegeben, und „jene Zeichen einer seltsamen Übereinstimmung zwischen der Welt des Menschen und der vernunftlosen Welt der Natur und Technik", die sich zuvor häuften, bleiben jetzt ausgeklammert.[53] Die unheilvolle Atmosphäre löst sich jedoch noch nicht vollständig auf:

> *„ Wie eine riesige purpurglühende Kugel lag der Mond zwischen den Kieferschäften am Waldesgrund (...) Endlich hing er, einer Ampel vergleichbar, über dem Forst, durch alle Spalten und Lücken der Kronen einen matten Lichtdunst drängend, welcher die Gesichter der Dahinschreitenden leichenhaft anmalte."* (41, 1 ff.)

Über nur eine Seite erstreckt sich die Schlusschronologie (Entdecken der Leichen – Suche nach Thiel – Einlieferung Thiels in die Irrenanstalt), deren referierender Sprachduktus lediglich von drei angedeuteten wörtlichen Reden unterbrochen wird.

---

53 Wolfgang Zimmermann, S. 83

In einer vereinfachten grafischen Übersicht stellen wir an dieser Stelle Hauptmanns Sprach-und Stilführung in dieser Novelle dar, zu der weiter unten Interpretationsdetails aus der Sekundärliteratur zitiert werden. (⇒ **2.7**)

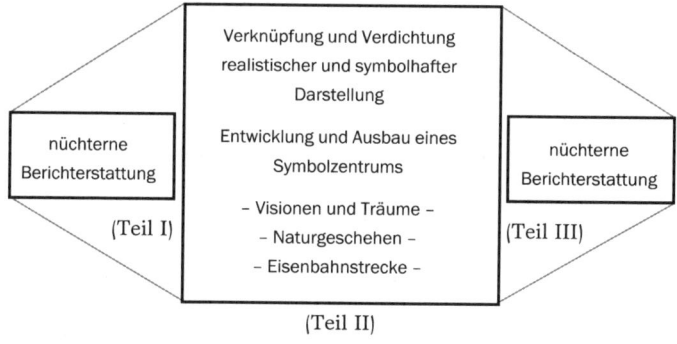

Skizze: Stil und Sprache

2.7 Interpretationsansätze

Zusammen mit einigen Ausschnitten aus Interpretationen der Novelle von namhaften Germanisten und Hauptmann-Forschern betonen wir in diesem Teilkapitel noch einmal die Stichwörter „Leid" und „Leiderfahrung". **K. S. Guthke erkennt das „Leid" als zentrales Sinnmotiv in Hauptmanns gesamtem Schaffen:**

> *„Das Hier ist für Hauptmann die Stätte des Leids, menschliches Leben Unfreiheit des Willens, Determination (...), Tragik der Existenzmodus des Menschen. Aber diese Tragik ist, eben weil sie kein Zufall ist, sondern Daseinsbedingung, in der Struktur der ‚ganzen' Welt angelegt: bereits im Jenseitigen verankert."*[54]

Der Brennpunkt des Lebens ist der Tod. Gerhart Hauptmann ist ihm bereits in seiner Jugend mehrfach nahe. Die Gewissheit dieses Unabwendbaren gekoppelt mit der bangen Frage nach dem ‚Danach' machen ihn in jeder Phase seines Lebens leidensfähig und leidensbereit. Dieses Thema, das sich in

> Gerhart Hauptmann: im Sog des Naturalismus; schöpferische Unabhängigkeit von jeder literarischen Strömung

Hauptmanns Werk in unendlichen Variationen spiegelt, haben wir in unserer Grafik („Kreislauf der Unentrinnbarkeiten" – S. 46) anschaulich auf die Novelle bezogen und umgesetzt. Hauptmanns eigene „Leidenshistorie"[55] und die seiner Gestalten transzendiert die Leidensgeschichte der ganzen Menschheit. Hauptmanns Dichtung ist existenzielle Dichtung. Mit Carl Zuckmayers Worten ist sie die leidgeborene „Umarmung alles Menschlichen und damit die Umarmung der Gottheit."[56]

---

54 Karl S. Guthke, S. 39
55 Kurt Lothar Tank, S. 131
56 Carl Zuckmayer, *Ein voller Erdentag*, S. 169

Dem Tode entronnen, gestaltet Hauptmann in Erkner seinen *Thiel*. Bei aller Leidenschaftlichkeit sucht er die objektive Distanz. Er weiß um die Fixpunkte Leben, Leid und Tod. Zeitlebens ist er auf der Suche nach Erlösung.

Fritz Martini rückt die dargestellte Ausweglosigkeit und die Zerspaltenheit der Welt, wie sie in der Novelle zum Ausdruck gebracht werden, in den Mittelpunkt seiner Interpretation.

„Hauptmanns Erzählung begründet ein menschliches Geschick in Milieu und Psychologie; er gestaltet es zugleich im Wirkungsfeld transsubjektiver elementarer Gewalten, die auf das Irrationale hinweisen, innerhalb dessen sich menschliches Leben vollzieht – im triebhaften und traumhaften Innerlichen wie in der außerpersönlichen Wirklichkeit, an die es gebunden ist."[57]

***

Auf das besondere dramatische Gefälle des *Bahnwärter Thiel* macht Werner Zimmermann aufmerksam.

„Das ungewöhnliche Handlungsgefälle in dieser novellistischen ‚Studie' wird uns so recht deutlich, wenn wir Anfang und Ende unmittelbar nebeneinander stellen. Am einleitenden Abschnitt wird uns Bahnwärter Thiel als sonntäglicher Kirchgänger vorgestellt, im abschließenden hören wir von seinem Transport ins Berliner Untersuchungsgefängnis. (...) So fällt die Novelle in jähem Sturz von einem freundlichen Beginn zu einem düsteren trostlosen Ende. Sie führt uns aus der heilen Welt eines in sich gesunden, geordneten Lebens in die Heillosigkeit eines völligen inneren Zerfalls und lässt uns auf eine bedrückende Weise die Übermacht des Zerstörerischen über das Helle und Heilende erfahren."[58]

---

57 Fritz Martini, Nachwort zu *Bahnwärter Thiel*, S. 54 f.
58 Wolfgang Zimmermann, S. 67 ff.

* * *

Von einem existenzialistischen Interpretationsansatz ausgehend, arbeitet Karl S. Guthke die Verklammerung des „Natürlichen" mit dem sich steigernden „Dämonischen" der Natur heraus.

„Ähnlich ist es in der bekannteren Novelle ‚Bahnwärter Thiel', die gleich nach ‚Fasching' entstand. (...) Doch wird der Mensch hier nicht allein von den Mächten des Natürlichen überwältigt, sondern zugleich auch von denen der Technik, die jedoch nicht als tote und durch das intellektuelle Kalkül des Menschen geschaffene und berechenbare Mechanik gefasst ist, sondern als Steigerung des Vitalen und Dämonischen der Natur und so mit dem Natürlichen einen merkwürdigen Bund eingeht. Noch deutlicher als in ‚Fasching' wird hier, wie alle menschliche Ordnung, die das Leben regelt und der Kontrolle unterwirft, zerbricht vor der geballten Kraft dieser inkommensurablen Mächte. Wieder aber sind sie mit der schon bemerkten Zwielichtigkeit und Paradoxie auch als kommensurabel dargestellt. Denn beim ersten Hinsehen ist es gewiss etwas Alltägliches, was hier geschildert wird: eine schlechte Ehe und ein Zugunglück, und beides verkettet sich plausibel genug."[59]

* * *

Eberhard Hilscher hebt Hauptmanns souveräne Gestaltungskraft hervor, die die Grenzen des Naturalismus weit überschritt.

„In der Novelle kann man viele Merkmale des naturalistischen Themenkatalogs wiedererkennen. die schicksalhafte Passivität einer plebejischen Zentralgestalt, Vererbungsprobleme, Triebhaftigkeit, Milieugebundenheit, eine naturwissenschaftlich exakte Krankheitsanalyse und eine sehr detailliert beschreibende Erzählweise, die kaum über den Standort der Beteiligten hinausgeht.

---

59 Karl S. Guthke, *Weltbild*, S. 64

*Und neben die drohende Macht der Natur schiebt sich die nicht
minder gefährliche Macht der modernen Technik.*

*Aber wie schon im ‚Fasching' wird auch im ‚Bahnwärter Thiel'
überall die realistisch formende Hand des schöpferischen Künst-
lers erkennbar. Bisweilen setzt sich Hauptmann recht unbeküm-
mert über die selbstgezogenen Grenzen hinweg; zum Beispiel lässt
er trotz aller psychologischen Akribie Naturempfindungen und Gedanken in die Erzählung einfließen, die dem sonst so pedantischen
Bahnwärter schwerlich zuzutrauen sind. Eine ungewöhnliche
Bilderfülle steht ihm zu Gebote. Auch im Übrigen weicht die Geschichte von einer naturalistischen Formgebung ab. Sie enthält nur
wenige Dialoge und verzichtet (selbst bei den Schimpfkanonaden
der Frau Lene) auf mundartliche Färbung; sie bietet dramatisch
zugespitzte Konflikte, ernste Lebensprobleme eines einfachen, kon-
taktscheuen Menschen und kein weitschweifiges Zustands-
protokoll.*"[60]

* * *

**Für Dieter Borchmeyer steht die Determiniertheit des
Menschen, eines der Kernthemen des Naturalismus, im
Mittelpunkt von Hauptmanns Novelle.**

„*Von der analytischen Exposition der Ursachen über die Erzählung des Anlasses der Bluttat und die unmittelbare Vergegenwärti-
gung der Gemütsverfassung, die Zwangsvorstellungen des ausbre-
chenden Wahnsinns der Titelgestalt zieht sich das Netz der
Handlung (...) immer mehr und mit Konsequenz zusammen: ein
mit deterministischer Notwendigkeit ablaufender Prozess. Die vom
Willen nicht zu durchkreuzende Determination der menschlichen
Handlungen – eines der zentralen Themen des Naturalismus –
wird chiffriert in der Eisenbahnstrecke, in der alle Symbole der
Novelle gewissermaßen zusammenlaufen.*"[61]

---

60 Eberhard Hilscher, *Gerhart Hauptmann*, S. 99

61 Dieter Borchmeyer, S. 187 f.

* * *

Prägnant wird von Peter Sprengel die Übergangsstellung Gerhart Hauptmanns zwischen Tradition und Moderne verdeutlicht, die sich bereits in der frühen Novelle *Bahnwärter Thiel* abzeichnet. Er bezieht sich mit seiner Interpretation auf die Schilderung des vorbeischnaubenden Zuges und Thiels inneren Erregungszustand, nachdem dieser Zeuge der Misshandlung seines Sohnes Tobias geworden war (vgl. Novellentext S. 16 f.).

„Diese Außenwelt ist Innenwelt, führt uns in Thiels leidenschaftlich erregte Seele. Aber nicht direkt, sondern vermittelt durch den Erzähler. Schon der nächste Satz unterscheidet zwischen Thiels Innen- und der dargestellten Außenwelt und erweckt den Eindruck, als hätte Thiel das eben geschilderte Ereignis gar nicht wahrgenommen. ‚›Minna‹, flüsterte der Wärter, wie aus einem Traum erwacht.' Hier wird die Übergangsstellung spürbar, die die Erzähltechnik dieser zweiten Novelle Hauptmanns im historischen Spannungsfeld zwischen Poetischem Realismus und Naturalismus einnimmt. Diesem und allgemeiner der Moderne gehört ‚Bahnwärter Thiel' in der Konzentration auf die psycho(patho)logische Entwicklung des Helden, dessen Perspektive zunehmend zu der des Erzählers wird. (...) Der Tradition des realistischen Erzählens ist sie dagegen in der wiederholten Einschaltung von Erzählerkommentaren, im Wechsel der Perspektive und im Aufbau symbolischer Szenerien verpflichtet, die als solche nicht Teil von Thiels Bewusstsein sind."[62]

* * *

Joachim Seyppel interpretiert die Novelle als Beginn eines „konsequenten Naturalismus".

„Auch auf diesen knapp vierzig Seiten Epik will Hauptmann einen Splitter Leben – getriebenes und triebhaftes Leben – mit der neuen

---

62 Peter Sprengel, S. 194

Technik genauester Beobachtung einfangen; auch hier wird das Proletariat beobachtet; auch hier ist ein Beginn des ‚konsequenten Naturalismus' zu verzeichnen."[63]

***

Friedhelm Marx stellt die wesentlichen Momente heraus, die Hauptmann als Verfasser der Novelle jeder Festlegung auf eine naturalistische Programmatik entheben. Er sieht in Hauptmann den modernen Erzähler, der auf keine ‚Schule' festgelegt werden kann.

„Die symbolische Grundierung der Novelle und ihr sorgfältig ausbalanciertes Spektrum von Gegensätzen sprechen für einen künstlerischen Gestaltungswillen, der sich mit den poetologischen Vorgaben des Naturalismus nicht vereinbaren lässt. Hauptmanns Bahnwärter wird zwischen der kränklichen, körperlos präsenten Minna und der starken Lene zwischen spiritueller Liebe und körperlicher Leidenschaft hin- und hergerissen. Seiner psychischen Disposition entsprechend sind Wohnhaus und Bahnwärterhäuschen weit voneinander getrennt. In den Söhnen des Bahnwärters (...) wiederholen sich die konträren Charaktere der Frauenfiguren mit unverminderter Prägnanz. Zugleich verklammert Hauptmann diese Gegensätze im Bild der Eisenbahnstrecke. (...) Beide Frauenfiguren werden durch den metaphorischen Fluchtpunkt der Eisenbahnstrecke charakterisiert: ein erster Hinweis darauf, dass sich Thiels Seelenbezirke nicht auf Dauer auseinander halten lassen. Auch die elementaren Gegensätze von Natur und Technik (...) verschwimmen dermaßen, dass Thiel sie zuletzt als eine einzige, dämonische Bedrohung wahrnimmt."[64]

---

63 Joachim Seyppel, *Gerhart Hauptmann*, S. 17

64 Friedhelm Marx, S. 273

3. Themen und Aufgaben

Die Frage nach einem motivierenden Ansatz für die Arbeit an und mit der Novelle im Unterricht eines 10. Schuljahres hat nach unserer Auffassung u. a. Horst Künzel bereits vor gut zwanzig Jahren beantwortet. Wir halten ihn auch heute noch für modern und brauchbar.[65] Allerdings ist dieser Frage im Rahmen unserer Erläuterung nicht nachzugehen, wohl aber den aus einem entwickelten Konzept resultierenden Themen und Aufgaben. Die von Künzel angedeuteten Themenfelder und sein eigener Entwurf dienen uns als Ausgangspunkte für einige Vorschläge (Themenblock A).

Aufgabenblock A

Themenfelder	Kommentar
„Geschlechter-beziehung und Menschenbild": **Bahnwärter Thiel** im Vergleich mit Hauptmanns sozialem Drama **Fuhrmann Henschel**	*Setzt die Kenntnis/Lektüre des Dramas voraus; aus unserer Sicht kann diese Thematik kaum ohne diesen zweiten Text zufriedenstellend behandelt werden, sofern sie an G. H. festgemacht wird. Denkbar ist allerdings eine Vertiefung des Themas unabhängig von einem zweiten Hauptmann-Text.*
„Das Motiv des Wahnsinns" in den Novellen **Bahnwär-**	*Auch hier muss ein zweiter Text erarbeitet werden. Das ist jedoch eher ein organisatorisches Problem. Relevantes The-*

---

65 Vgl. Horst Künzel: *Gerhart Hauptmann. Bahnwärter Thiel.* In: Jakob Lehmann (Hg.): Deutsche Novellen, S. 29–48

ter Thiel und **Lenz**
(Georg Büchner)

ma. In einem 10. Schj. sollte es ‚offen'
behandelt werden, d.h. beide Novellen
sollten als Folie für eine textorientierte
Erörterung des Problems genommen werden; der textanalytische Aspekt sollte zu-
rücktreten.

Bahnwärter Thiel:
„Soziale und existen-
zielle Grenzsituatio-
nen des Menschen
aufgrund seiner
Fremdbestimmtheit
in einer zunehmend
technisierten Um-
welt"[66]

Weitere Texte aus der Arbeitswelt können hinzugenommen werden (z. B. Max
von der Grün: Wer steuert wen? – Gün-
ter Wallraff: Am Fließband).
Dabei ist es wichtig, die Lebensbedingun-
gen des Bahnwärters in Hauptmanns Novelle, vor allem seine psychische Befind-
lichkeit, von den Gefahren und
Bedrohungen der modernen Arbeitwelt
abzugrenzen, denen wir heute ausgesetzt
sind.

Bahnwärter Thiel:
„Genese eines Ver-
brechens":
– Täterbild, Motive
– Erzählerische/
stilistische Mittel
– Bezug zur heutigen
Gegenwart

Es bietet sich unter dieser Themen-
stellung ein direkter Vergleich mit einem
modernen Kriminalroman an (z. B.
Georges Simenon: Der Mörder).
Besonders das erste Teilthema (Täterbild, Motive) eröffnet gute Vergleichs-
möglichkeiten. Es muss klar werden, warum Hauptmanns Novelle weder zu den
Texten der „Arbeiterlitertur" noch zu solchen der „Kriminalliteratur" gezählt werden kann.

---

66 Dieser Betrachtungsschwerpunkt, den der Verfasser unserer Erläuterung in einer früheren Darstellung akzentuierte, darf nicht überbetont werden, ohne den komplexen Zusammenhang der
Novelle (Technik, Natur, Thiels Psyche) stets mit zu reflektieren.

Einzelne Aufgaben, die allein oder im Team bearbeitet werden können:

Aufgaben:	Lösungshilfen
▶ 1. Stellen Sie die Momente dar, die Thiel von Beginn an stark belasten und charakterisieren Sie seine Reaktionen.	Kap. 2.2; 2.4; 2.6
▶ 2. Erläutern Sie die Gründe für Thiels innere Zerrissenheit genauer.	siehe Kap. 2.4; 2.6.; 2.7
▶ 3. Zeigen Sie den Übergang von Thiels Rache- und Hassgedanken zu seinem Wahnsinn auf.	siehe Kap. 2.2; 2.3
▶ 4. Erörtern Sie das Stichwort von der „tragischen Notwendigkeit", mit dem Fontane den Bahnwärter Thiel von jeder Schuld freispricht.	siehe Kap. 2.2; 2.4; 2.7
Machen Sie zugleich klar, warum Thiel kein „Krimineller" ist.	siehe Kap. 2.4; 2.7
▶ 6. Erläutern Sie die enge Zusammengehörigkeit von ‚Bahnstrecke' und ‚Naturstimmungen' als Parellelen zu Thiels Gemütszuständen.	siehe Kap. 2.6; 2.7
▶ 7. Stellen Sie die sprachlich-stilistischen Vorausdeutungen auf den Unfall und den Doppelmord dar.	siehe Kap. 2.6

▶ 8. Setzen Sie sich mit dem Problem der sexuellen Abhängigkeit und den möglichen/realen Folgen auseinander. Gehen Sie dabei von Beispielen aus, die Ihnen aus der Presse und/oder Literatur bekannt sind. Erstellen Sie eine graduell abgestufte Stichwortliste.

▶ 9. Erörtern Sie das Thema der Morde Thiels. Urteilen Sie über seine Handlungsweise, indem Sie mitbedenken, welche Möglichkeiten ihm aus Ihrer Sicht (rational) zur Verfügung gestanden hätten, seine Untaten zu vermeiden.

▶ 10. Wo hat die Thiel umgebende Gesellschaft versagt? Skizzieren Sie Eingriffsmöglichkeiten, die sie gehabt hätte.

Aufgabenblock B

Für die ‚freiere' Begleit- oder Nacharbeit zur/der Novelle bieten sich „produktive Verfahren" an, die inzwischen zum Standard des Literaturunterrichts zählen.[67] Im Ansatz finden sich solche Aufgaben auch bei H. Künzel (z. B. fiktives Interview). Mit unseren weiteren Aufgabenbeispielen möchten wir Lernende anregen, sich abseits von Textanalyse und Interpretation sprachlich kreativ zu entfalten. Dabei ist gewünscht, dass es zu fächerübergreifenden Aktivitäten kommt.

---

67 Auch in anderen unserer Erläuterungen finden sich Beispiele zum produktivem Umgang mit Texten, für den die Fachmethodik in den letzten Jahren verstärkt eintritt. – Vgl. u. a. *Königs Erläuterungen und Materialien* Band 39, 109, 142

Stellen Sie sich vor,

• *der Bahnwärter Thiel hätte in seinem Streckenhäuschen* **ein geheimes Tagebuch** *geführt. Schreiben Sie seine Gedanken und Gefühle nieder (Minna, Lene!);*

• *es sollte ein Film zur dieser Novelle gedreht werden. Skizzieren Sie* **einen der heftigen Dialoge** *zwischen Thiel und Lene;*

• *Sie wären Zeuge des Zugunglücks gewesen. Geben Sie Ihre Beobachtungen schriftlich zu* **Protokoll***;*

• *es hätte eine Zeitung über den Unfall berichtet. Schreiben Sie diesen* **Artikel** *für ein Provinzblatt;*

• *Sie würden von der Polizei vernommen, nachdem Sie als einer der ersten die beiden Erschlagenen im Haus gefunden haben. – a)* **Berichten Sie sachlich***, was Sie vorgefunden haben; b) Sie entdecken Ihre erzählerische Ader und* **schildern** *Ihre Eindrücke sehr lebhaft und ausschmückend;*

• *Sie wollten einem/einer guten Bekannten von den dramatischen Hergängen in einem* **Brief** *erzählen. Schreiben Sie alles auf, was Ihnen mitteilenswert erscheint. Machen Sie Ihren Brief zu einem ‚Leseereignis' für den Empfänger;*

• *Sie wären von Ihrer Zeitung nach Neu-Zittau geschickt worden, um für einen* **Hintergrundbericht** *zu recherchieren. Es geht dabei besonders um Thiels Lebensgeschichte. Machen Sie sich auf den Weg und schreiben Sie einen Bericht (durchaus auch losgelöst von den Vorgaben der Novelle), in dem Sie Thiel als einen ‚schon immer sonderbaren Menschen' darstellen, der in* *seiner Vergangenheit schon immer einen Hang zum Abnormen erkennen ließ;*

• *in Thiels Papieren hätte man einen* **Brief** *gefunden, in dem er seine Entschlossenheit zum Mord an seiner Frau festgehalten hat. – Motiv: Verzweiflung, Lebensüberdruss; Schreiben Sie diesen Brief;*

• *Thiel hätte sich mit seiner zweiten Frau Lene ausgesprochen und die Trennung verlangt; kehren Sie die Geschehnisse in der Novelle um und machen Sie Lene zum Mörder an Thiel. Schreiben Sie* **einen ‚neuen' Schluss zu der Novelle,** *in dem Sie Lenes Mord und ihre unmittelbare Verhaftung schildern;*

• *Thiel sollte für die Verbrechen schuldig gesprochen werden; a) Appellieren Sie in einem* **Leserbrief** *an die Öffentlichkeit, für Thiel einzutreten; b) Machen Sie sich in einem genau entgegengesetzten Schreiben zum Fürsprecher einer Strafverschärfung für ‚gemeingefährliche Verbrecher' wie Thiel.*

4.   Rezeptionsgeschichte/Materialien

Die Erläuterungen und Kommentare dieses Kapitels sind auf einen einzigen Sachverhalt bezogen, der zwischendurch wiederholt angesprochen worden ist, die Epoche des Naturalismus. Hauptmann, so wurde deutlich gemacht, ist einer ihrer bekanntesten Repräsentanten, ohne je wirklich ein nur ‚naturalistischer Schriftsteller' gewesen zu sein. Er durchschritt und überwand die Epoche als ein Individualist, der sich nicht in den theoretischen Grabenkämpfen der Zeit verlieren wollte und sein künstlerisches Schaffen an größeren Zielen ausrichtete.

Zum **Naturalismus** nach Eva Maria Kabisch[68]:

• **Begriff:** Naturgetreue Abbildung der Wirklichkeit ohne Stilisierung oder metaphysische Überhöhung; die im Realismus begonnene objektivierende Tendenz wird radikal fortgesetzt. Gesamteuropäische Bewegung; in Deutschland seit den „Kritischen Waffengängen" der Brüder Hart (1882). Begriff in der Epoche selbst entstanden, als „Revolution der Literatur" gemeint.

• **Historischer und geistesgeschichtlicher Hintergrund:** Blütezeit des politischen und wirtschaftlichen Imperialismus. Einerseits selbstgefällig-repräsentative Kultur des Wilhelminismus (z. B. Siegesallee, Reichstag in Berlin), andererseits Mietskasernen mit lichtlosen Hinterhöfen für ein verelendendes Proletariat. Positivismus als Weltanschauung: Leh-

---

68 Eva Maria Kabisch, *Literaturgeschichte*, S. 28

re von der Gesetzmäßigkeit aller Dinge ohne metaphysische Voraussetzung. Der Mensch ist wie die Natur wissenschaftlich erklärbar als Produkt von Erbgut, Milieu, geschichtlicher Situation. Einfluss der Lehren von Ludwig Feuerbach, Charles Darwin, Karl Marx. Aufgabe der Kunst: Aufdeckung der Kausalzusammenhänge im menschlichen Schicksal.

• **Tendenzen und Merkmale:** Einfluss der Literaturtheorie von Emile Zola (1840–1902) („roman expérimental": „Kunst ist also nur ein Stück Natur, gesehen durch ein Temperament"), der russischen Realisten Leo Tolstoj (1828–1910), Fjodr Dostojewskij (1821–1881), des psychologischen Dramas von Henrik Ibsen (1828–1906): *Nora, Gespenster* und von August Strindberg (1849–1912): *Fräulein Julie;* Prosa vielfach in Reportage und Dokumentationsstil.

• **Drama:** Im Schauspiel Versuch der Herstellung von Wirklichkeit auf der Bühne: Alltagsmenschen (Arbeiter, Kleinbürger), Ausgestoßene (Alkoholiker, Kranke, Geistesgestörte), Alltagssprache (Stottern, Stammeln, Dialekt). Analytische Charakterdramen: geringe Personenzahl, ausführliche Bühnenanweisung, szenische Details; Sekundenstil, Ablehnung des Monologs als „unrealistisch". Fiktive „vierte Wand" zum Publikum, Schlüssellochperspektive.

***

Das Charakteristikum der Epoche, deren Haupttendenzen wir mit Kabischs Stichwörtern grob umrissen haben, ist zweifellos die „Exploration des Menschlichen"[69], die in einer ungeheuren Aufbruchs- und Veränderungsdynamik in den Jahren zwischen 1880 und 1890 in einer Vielzahl von künstlerischen

---

69 Gerd Schulz, *Prosa des Naturalismus*, S. 32

Ansätzen vorgenommen worden ist. Dabei wird ein Kernziel deutlich: die Suche nach einem neuen Welt- und Menschenbild mit einer starken Betonung des Sozialen. Der einfache Mensch wird in den Mittelpunkt gerückt, noch pointierter: der Arbeiter.[70] Die soziale Komponente wird zu einer mächtigen Identifikations- und Solidarisierungsgröße für viele Menschen, besonders in den großen Städten, in denen das Industrieproletariat rasant anwächst. An der Schwelle eines neuen Jahrhunderts verstehen sich die Naturalisten als Ratlose und als Suchende in einem, und es ist verständlich, in welch starkem Maße die große soziale Erschütterung, die Deutschland im letzten Viertel des 19. Jahrhunderts ergriff, eine ekstatische Reaktion gerade der Jugend auslöst. Unterschiedlichste Welterklärungsmodelle werden ‚gehandelt‘, und ein tiefgreifender Wandel erfasst alle Gesellschaftsschichten. Der junge Gerhart Hauptmann hat (zunächst) gar keine Möglichkeit und auch nicht die Absicht, sich diesem Sog zu entziehen. Im Abstand von Jahrzehnten schreibt er nicht ohne Selbstironie:

> *„Ich begebe mich nicht in das Gebiet der Literaturgeschichte hinein. Man mag darin nachlesen, wie die Bewegung, in der wir standen, einen keineswegs nur lokalen, sondern (...) europäischen Charakter hatte. Der Kampfruf, weil ja das kämpfende Heer ein Banner und das Banner eine Devise haben muss, der Kampfruf ‚Naturalismus‘ tauchte auf.“*[71]

In der Malerei und Literatur Deutschlands beherrschen bald Künstler wie Liebermann und Corinth, Halbe und Sudermann, Holz und Hauptmann die Schlagzeilen.[72]

---

70 Dies betonte einer der führenden Theoretiker des Naturalismus, Leo Berg (1862–1908)

71 G. H., *Abenteuer*, S. 317

72 Max Liebermann (1847–1935), Maler; Lovis Corinth (1858–1925), Maler; Max Halbe (1865–1944), Dramatiker; Hermann Sudermann (1857–1928), Erzähler und Dramatiker; der bereits zuvor erwähnte Arno Holz (1863–1929), um nur diese aufzuzählen.

In seiner Hauptmann-Biografie kritisiert Eberhard Hilscher, dass die junge Bewegung es nicht verstanden habe, die Lage der sozialen Randklassen zu verbessern, sondern lediglich im Aufdecken der „großen Laster der Welt" [73] ihren (sozial folgenlosen) Beitrag geleistet habe. Diese Kritik, so harsch sie auch klingt, ist objektiv und zutreffend. Rückblickend wird aber auch sichtbar, warum die naturalistische Bewegung keine durchschlagendere und damit gesellschaftsverändernde Wirkung entfalten konnte. Zum einen war sie in sich sehr gespalten mit zwei Zentren (München und Berlin), die einander heftig befehdeten. Zum anderen fehlte ein zielklares (gesellschaftspolitisches) Programm. Es waren eben überwiegend junge Schwärmer am Werk, die ihr Künstlertum und ihre Bohème nach der Devise „épater la bourgeoisie" (das Bürgertum erschrecken) auslebten. Gleichwohl haben sie sichtbar gemacht, worüber man ohne ihr Engagement wohl gern noch eine Zeit hinweg gesehen hätte.

Es liegt auf der Hand, dass diese Epoche auch seltsame Blüten trieb. Nicht alles war edel und künstlerisch gelungen. Sogar über einige sehr bekannte und bedeutende Dramen des Naturalismus wurden harte Urteile gefällt. Das „Sentimentale" und „Rührselige" wurde angeprangert, das in einer als modern und sozial apostrophierten Dramatik keinen Platz haben konnte. Auch Gerhart Hauptmann blieb nicht verschont.[74] – Anders der Bahnwärter Thiel; seine Modernität liegt in einer existenzialistisch gedeuteten Welt- und Menschensicht begründet. In ihm begegnet uns einer dieser einfachen Men-

---

73 Eberhard Hilscher, S. 79
74 Diese Schwächen wurden exemplarisch von R. G. Kluge in einer Rede (1975) an drei Bühnen-
    stücken nachgewiesen: Arno Holz/Johannes Schlaf, *Die Familie Selicke* (1890); Gerhart Haupt-
    mann, *Einsame Menschen* (1891); Max Halbe, *Jugend* (1893) – Vgl. Reiner Poppe, *Bahnwärter
    Thiel*, 4. Auflage 1997, S. 65

schen, der plötzlich als Handelnder und als Opfer in die Mitte eines ungeheuren Ereignisses gerissen wird. Er teilt das Schicksal aller Menschen zu allen Zeiten: des „Geworfenseins"[75] in die Welt unter das Rad, das sich erbarmungslos dreht. In der Tragikomödie *Der rote Hahn (1901)* sagt die Heldin, die sterbende Frau Fielitz: *„Ma langt ... Ma langt ... Ma langt immer so."* – Man langt ins Nichts.

***

(1) Das Hauptanliegen der neuen Kunst, die Mittelpunktstellung des Menschen, versucht Leo Berg in seiner Schrift *Der Naturalismus – Zur Psychologie der modernen Kunst* (1892) zu beschwören:

„Die Helden moderner Dichtungen kämpfen nicht um Ideen (...); sie kämpfen auch nicht um Besitz und Weltherrschaft (...); sie kämpfen um sich selbst. Der Mensch ist Kampfplatz und Kämpfer und Kampfobjekt in eins, er ist der Schauplatz der Tragödien."[76]

(2) Bereits 1886 trat Karl Bleibtreu, ein vielseitiger Literat und Vordenker des Naturalismus, mit einem neuen Realismus-Verständnis in seiner Schrift *Revolution der Literatur* an die Öffentlichkeit:

„Dem Realismus allein gehört die Zukunft der Literatur. Allerdings nicht dem Pseudo-Realismus. Denn wer diesen darin sucht, des Menschen Wesen als reines Ergebnis tierischer Instinkte, als eine maschinenhafte Logik des krassen Egoismus hinzustellen – der macht sich derselben Sünde der Unwahrhaftigkeit schuldig wie der gefühllose Süßholzraspler und phraseologische ‚Idealist'. Der Mensch ist weder Maschine noch Tier, er ist halt ein – Mensch,

---

75 Der französische Existenzialist Jean-Paul Sartre (1905–1980) prägte dieses Bild für das Schicksal des modernen Menschen. – Natürlich dürfen die beiden Weltanschauungen nicht gleichgesetzt werden, aber Hauptmanns Auffassung scheint das Denken des französischen Philosophen und Schriftstellers in diesem Punkte vorwegzunehmen.

76 Leo Berg, in Theo Meyer, *Theorie des Naturalismus*, S. 186

*d. h. ein rätselhaftes unseliges Wesen, in dem sich psychische Aspi-
ration und physische Instinkte bis in den Tod und bis an den Tod
befehden.* "[77]

**(3) Wilhelm Bölsche, einer der führenden Köpfe der Ber-
liner Naturalisten, suchte ästhetische Fragen aus naturwissenschaftlichen Theorien herzuleiten. Zu seinen bekanntesten Schriften gehört *Die naturwissenschaftlichen
Grundlagen der Poesie* (1887), aus der ein kurzer Aus-
schnitt wiedergegeben wird. Die radikale Zurückwei-
sung alles Metaphysischen entspricht dem von der französischen Literatur geprägten Geist der Epoche:**

*„Wir haben gebrochen mit der Metaphysik. Jenseits unseres Er-
kennens liegt eine andere Welt, aber wir wissen nichts von ihr;
unser Ideal, sofern es eine lebendige Macht sein soll, muss irdisch,
muss ein Teil von uns sein, muss der Welt angehören, die wir
bewohnen, die in uns lebt und webt.* "[78]

**(4) Michael Georg Conrads kämpferischer Aufruf mit
dem Titel *Flammen! Für freie Geister* (1882), dem der
folgende Abschnitt entnommen ist, entspricht dem
gesellschaftspolitischen Engagement des rührigen und
einflussreichen Literaten:**

*„Die soziale Frage kann nur Stück für Stück, Tag für Tag gelöst
werden, denn sie ist im Grunde die ewige Menschheitsfrage. Allein
man entfernt sich von ihr, statt ihr näher zu kommen, wenn man,
wie es jetzt in Deutschland unter Bismarcks Führung geschieht,
ihre partielle Lösung akzeptiert oder verwirft, je nachdem man*

---

77 Karl Bleibtreu, in Th. Meyer, S. 120
78 Wilhelm Bölsche, in Th. Meyer, S. 132

darin ein monarchistisches, konstitutionelles oder republikanisches Moment erblickt oder wittert. Das Unheilvolle des Bismarck'schen Reformprogramms liegt darin, dass es keine reine Sonderung der Begriffe kennt, sondern die soziale Befriedigung von dem Schaukel-spiel des Parteitreibens abhängig werden lässt und zudem die even-tuelle Ausführung mit dynastischen Machtfragen, mit den fatalen Resten des feudalen Absolutismus verquickt."[79]

(5) Julius Hart, produktiver und gestaltender Vertreter der Berliner Naturalisten-Szene, trat u. a. mit gewichti-gen Schriften wie *Im Kampf um eine Weltanschauung* (1899–1902) und *Revolution der Ästhetik als Einleitung zu einer Revolution der Wissenschaft* (1909) hervor. Der nachstehende Auszug unter der Überschrift „Fantasie und Wirklichkeit" ist aus Kritisches Jahrbuch, 1. Jg. (1889).

„Nicht die Natur nachahmen, sondern von der Natur lernen, das muss man vom Künstler verlangen. Dichtung ist Subjekt und Ob-jekt, und der größte Dichter muss beides vereinigen, eine große und starke Individualität, große und reiche Kenntnis von Welt und Wirklichkeit. Mit der objektiven Fantasie muss er aufs Schärfste die umfassendsten Bilder von der Natur aufnehmen und, wenn er sie innerlich erhöht, vertieft, verallgemeinert, trotzdem die Be-stimmtheit und Feinheit darüber nicht verlieren."[80]

(6) In der Zeitschrift „Die Gesellschaft" veröffentlichte Ludwig Jacobowski (1868–1900) seinen Aufsatz *Litera-tur und Milieu* (1889). In ihm begründet er die Abhängig-

---

79 Georg Michael Conrad, in Th. Meyer, S. 58
80 Julius Hart, in Th. Meyer, S. 145

**keit jeder Literatur von sehr unterschiedlichen Einfluss-
faktoren über die „Rasse-und-Milieu-Theorie" hinaus:**

*„Wir wissen (...), dass der Mensch ein vorläufiges Endglied einer
unendlich langen Entwicklungsreihe ist, dass er ist ein Produkt der
ihn umgebenden Natur, des milieu social, das H. Taine z. B. mit
so starrer Einseitigkeit vertritt (...), wissen ferner, dass dieses
milieu social Ursache ist von den so unendlich variationsfähigen
Qualitäten der einzelnen Literaturen Europas. Und was für diese
gilt, gilt auch für die provinziellen Zweige jeder einzelnen Literatur. Mit den ethnografischen und kulturhistorischen Bedingungen
wechseln auch die literarischen Physiognomien."*[81]

**(7) Mit einem abschließenden Zitat Roy C. Cowens fas-
sen wir noch einmal einen der Kernpunkte der Natura-
lismus-Kritik zusammen – seine Neigung zur Trivialität:**

*„Von Anfang an bedeutet die Thematik des Naturalismus jedoch
seine größte Existenzbedrohung. Sie betont das Milieu und den
Antihelden, auf den die Außenwelt sich in freiheitsraubender Stär-
ke auswirkt. Es verläuft sich alles schlechthin in Detailschilderung
und in Trivialität (...). Wohl sieht der Naturalist schon in Zolas
Werken diese Gefahr voraus (...) – dennoch müssen wir allzu viel
im Naturalismus als trivial-intim ablehnen. (...) Durch die über-
mäßige Konzentration auf Familienverhältnisse im Naturalismus
kommt sich der Zuschauer gleichsam wie eine Art Fenstergucker
oder Voyeur vor. Und wenn endlich einmal der große Gedanke
geäußert wird, z. B. in den sozialistisch gefärbten Werken, klingt
er gegen einen solchen Hintergrund zu oft nur hohl – wie das
‚Schellengeläut', als das die Harts die zeitgenössische Literatur
abtun."*[82]

---

81 Ludwig Jakobowski, in Th. Meyer, S. 91
82 Roy C. Cowen, *Der Naturalismus*, S. 103

Literatur

Hauptmann, Gerhart: *Bahnwärter Thiel.* Novellistische Studie, Mit einem Nachwort von Fritz Martini. Stuttgart: Reclam, 2001 (RUB 6617).
(nach dieser Ausgabe wird zitiert)
– *Fasching – Der Apostel.* Mit einem Nachwort von Karl S. Guthke. Stuttgart: Reclam, 1963 u. ö. (RUB 8362)
– *Das erzählerische Werk* in 10 Einzelbänden. Herausgegeben und mit einem Nachwort von Ulrich Lauterbach. Frankfurt a. M. – Berlin – Wien: Ullstein, 1981 ff .
– *Das Abenteuer meiner Jugend I. Erstes Vierteljahrhundert.* Band 6, S. 121–456
– *Das Abenteuer meiner Jugend II. Zweites Vierteljahrhundert.* Band 7.

* * *

Borchmeyer, Dieter: *Hellsicht des Schmerzes: Gerhart Hauptmann.* In: Walter Hinderer (Hg.): Literarische Portraits von Grimmelshausen bis Brecht. Frankfurt a. M.: Fischer, 1987. S. 194–201

Guthke, Karl S.: *Gerhart Hauptmann. Weltbild im Werk.* München: Francke, 2. Auflage 1980

Hilscher, Eberhard: *Gerhart Hauptmann.* Berlin (Ost): Verlag der Nation, 3. überarbeitete Auflage 1979.

Hoefert, Sigfrid: *Gerhart Hauptmann.* 2. Aufl. Stuttgart: Metzler, 1980

Leppmann, Wolfgang: *Gerhart Hauptmann.* Leben, Werk und Zeit. München: Scherz, 1986

Marx Friedhelm: *Gerhart Hauptmann.* Literaturstudium. Stuttgart: Reclam, 1998

Payrhuber, Franz-Josef: *Gerhart Hauptmann.* Literaturwissen. Stuttgart: Reclam, 1998

Pfeiffer-Voigt, Mechthild: *Chronik von Gerhart Hauptmanns Leben und Schaffen.* Würzburg: Bergstadtverlag W. G. Korn, 1993

Poppe, Reiner: *Gerhart Hauptmann. Leben und Werk.* Husum: Druck- und Verlagsgesellschaft, 1998

Schrimpf, Hans J.: *Gerhart Hauptmann.* Darmstadt: Wissenschaftliche Buchgesellschaft, 1976 (Wege der Forschung)

Seyppel, Joachim: *Gerhart Hauptmann.* Berlin: Morgenbuch, 1993 (Köpfe des 20. Jahrhunderts)

Sprengel, Peter: *Gerhart Hauptmann. Epoche – Werk – Wirkung.* München: Beck, 1984

Tank, Kurt-Lothar: *Gerhart Hauptmann in Selbstzeugnissen und Bilddokumenten.* Reinbek: Rowohlt, 1995

Voigt, Felix A.: *Gerhart Hauptmann der Schlesier.* Goslar: Verlag Deutsche Volksbücherei, 1947. – Würzburg: Bergstadt Verlag W. G. Korn, 1988

Zuckmayer, Carl: *Zu Gerhart Hauptmanns hundertstem Geburtstag* (1962). In: C. Z. Ein voller Erdentag. Drei Essays. Frankfurt a. M.: Fischer, 1985. S. 147–185

* * *

Erdmann, Gustav: *Gerhart Hauptmann in Erkner*. In: G. E. (Hg.): Das Gerhart-Hauptmann- Museum in Erkner. Berlin: Stapp, 1994. S. 7–15

Requardt, Walter/Machatzke, Martin: *Gerhart Hauptmann und Erkner*. Studien zum Berliner Frühwerk. Berlin: Studien der Gerhart-Hauptmann-Gesellschaft (5), 1980

* * *

Heerdegen, Irene: *Gerhart Hauptmanns Novelle Bahnwärter Thiel*. In: Hans-Joachim Schrimpf (Hg.), S. 260–277

Künzel, Horst: *Gerhart Hauptmann: Bahnwärter Thiel*. In: Jakob Lehmann (Hg.): Deutsche Novellen von Goethe bis Walser. Interpretationen für den Literaturunterricht. Band 2: Von Fontane bis Walser. Königstein/Ts.: Scriptor, 1980. S. 29–48

Marx, Friedhelm: *Bahnwärter Thiel*. In: F. Marx: Gerhart Hauptmann. Literaturstudium. Stuttgart: Reclam, 1998. S. 269–274

Neuhaus, Volker: *Gerhart Hauptmann. Bahnwärter Thiel*. Erläuterungen und Dokumente. Stuttgart: Reclam, 1974 (RUB 8125)

Payrhuber, Franz-Josef: *Bahnwärter Thiel.* In: F.-J. Payrhuber: Gerhart Hauptmann. Literaturwissen Stuttgart: Reclam, 1998. S. 82–95

Poppe, Reiner: *Gerhart Hauptmann. Bahnwärter Thiel.* Königs Erläuterungen und Materialien. 4. Aufl. Hollfeld: Bange, 1997

Wiese, Benno von: *Bahnwärter Thiel.* In: Die deutsche Novelle von Goethe bis Kafka. Band 1. Düsseldorf: Bagel, 1967. S. 268–283

Zimmermann, Werner: *Bahnwärter Thiel.* In: Deutsche Prosadichtungen unseres Jahrhunderts. Teil I. Düsseldorf: Schwann, 1966. S. 69–87

* * *

Cowen, Roy C.: *Der Naturalismus. Kommentar zu einer Epoche.* 2. Aufl. München: Winkler, 1973

Goltschnigg, Dietmar: *Rezeptions- und Wirkungsgeschichte Georg Büchners.* Königstein/Ts.: Scriptor, 1975

Kabisch, Eva Maria: *Literaturgeschichte kurzgefasst.* 2. Aufl. Stuttgart: Klett, 1986

Köster, Udo: *Die Überwindung des Naturalismus. Begriff, Theorie und Interpretationen zur deutschen Literatur* um 1890. Hollfeld: Beyer Verlag, 1979 (Analysen und Reflexionen)

Martens, Wolfgang (Hg.): *Georg Büchner.* Darmstadt: Wissenschaftliche Buchgesellschaft, 3. unveränderte Aufl. 1973 (Wege der Forschung)

Meyer, Theo (Hg.): *Theorie des Naturalismus.* Stuttgart: Reclam, 1973

Schulz, Gerhard (Hg.): *Prosa des Naturalismus.* Stuttgart: Reclam, 1973

* * *

Verfilmungen:

Bahnwärter Thiel. Fernsehfilm, BRD (ZDF) 1968.
Regie: Werner Völger.
Drehbuch: Hajo Schedlich.

Bahnwärter Thiel. Fernsehfilm, DDR (DEFA) 1982.
Regie: Hans-Joachim Kasprzik.
Drehbuch: Klaus Jörn.

Auf CD-Rom erhältlich:
Gerhart Hauptmann, *Bahnwärter Thiel.* (vorgetragen von
Achim Hübner. Reclam, ISBN 3-15-100026-6)

Internetzugänge:

Am direktesten und knappsten kann sich der mit Gerhart
Hauptmann noch nicht so vertraute Leser informieren via:
www.gerhart-hauptmann-museen.de

Er bekommt Informationen zu den Gedenkstätten des Dichters in Erkner, Kloster Hiddensee, Schreiberhau und
Agnetendorf; Hinweise zu den Werken; zu ausgewählter Sekundärliteratur und zur Gerhart-Hauptmann-Gesellschaft.

Wie interpretiere ich...?

■ Der Bestseller!

Alles zum Thema Interpretation,
abgestimmt auf die individuellen Anforderungen

✎ **Basiswissen**
(Einführung und Theorie)
- grundlegende Sachinformationen zur Interpretation und Analyse
- Grundlagen zur Erstellung von Interpretationen
- Fragenkatalog mit ausgewählten Beispielen
- Analyseraster

✎ **Anleitungen**
(konkrete Anleitung - Schritt für Schritt,
mit Beispielen und Übungsmöglichkeiten)
- Bausteine einer Gedichtinterpretation
- Musterbeispiele
- Selbsterarbeitung anhand praxisorientierter Beispiele

✎ **Übungen mit Lösungen**
(prüfungsnahe Aufgaben zum Üben und Vertiefen)
- konkrete, für Klausur und Abitur typische Fragen und Aufgaben-
stellungen zu unterrichts- und lehrplanbezogenen Texten mit Lsg.
- epochenbezogenes Kompendium

Bernd Matzkowski
Wie interpretiere ich Lyrik?
Basiswissen Sek. I/II (AHS)
112 Seiten, mit Texten
Best-Nr. 1448-6

Thomas Brand
Wie interpretiere ich Lyrik?
Anleitung Sek I/II (AHS)
205 Seiten, mit Texten
Best-Nr. 1433-8

Thomas Möbius
Wie interpretiere ich Lyrik?
Übungen mit Lösungen, Band 1
Mittelalter bis Romantik
Sek. I/II (AHS),
158 S., mit Texten
Best-Nr. 1460-5

Thomas Möbius
Wie interpretiere ich Lyrik?
Übungen mit Lösungen, Band 2
Realismus bis Postmoderne
Sek. I/II (AHS),
149 S., mit Texten
Best-Nr. 1461-3

Bernd Matzkowski
**Wie interpretiere ich
Novellen und Romane?**
Basiswissen Sek. I/II (AHS)
74 Seiten
Best-Nr. 1495-8

Thomas Brand
**Wie interpretiere ich
Novellen und Romane?**
Anleitung Sek. I/II (AHS)
160 Seiten, mit Texten
Best.-Nr. 1471-0

Thomas Möbius
**Wie interpretiere ich
Novellen und Romane?**
Übungen mit Lösungen. Sek. I/II (AHS)
200 Seiten, mit Texten
Best.-Nr. 1472-9

Bernd Matzkowski
Wie interpretiere ich ein Drama?
Basiswissen Sek. I/II (AHS)
112 Seiten
Best-Nr. 1419-2

Thomas Möbius
Wie interpretiere ich ein Drama?
Anleitung
204 Seiten, mit Texten
Best.-Nr. 1466-4

Thomas Möbius
Wie interpretiere ich ein Drama?
Übungen mit Lösungen
206 Seiten, mit Texten
Best.-Nr. 1467-2

Bernd Matzkowski
Wie interpretiere ich?
Sek. I/II (AHS)
114 Seiten
Best.-Nr. 1487-7

Bernd Matzkowski
**Wie interpretiere ich Kurzgeschichten,
Fabeln und Parabeln?**
Basiswissen Sek. I/II (AHS)
96 Seiten
Best-Nr. 1493-1

Thomas Möbius
Beliebte Gedichte interpretiert
Sek I/II (AHS)
104 S., mit Texten
Best.-Nr. 1480-X

Eduard Huber
Wie interpretiere ich Gedichte?
Sek I/II (AHS)
112 Seiten
Best.-Nr. 1474-5
Ein kompakter Helfer zum Thema
Gedichtinterpretation.
Das Buch hebt sich durch seine kompakte
Darstellung und seine Methodik von anderen
Interpretationshilfen ab.

kurz & bündig

■ Bringt's auf den Punkt!

im praktischen Taschenbuch-Format 100 x 160 mm

Die Reihe ist für alle diejenigen konzipiert, die sich schnell auf eine bevorstehende Klassenarbeit oder eine Prüfungs-klausur vorbereiten müssen. Wer Unterrichtsstoff zur eigenen Sicherheit nacharbeiten oder sich intensiv auf die nächste Unterrichtsstunde vorbereiten will, der findet in „kurz & bündig" genau den richtigen Lernpartner.

☞ klar, übersichtlich, handlich

☞ schülergerecht

☞ in Anlehnung an die Lehrpläne

☞ Anleitungen, Aufgaben, Übungen

☞ auch digital zum Download unter www.bange-verlag.de

Bange ...leichter lernen!